Balakrishnan Subramanian
Venkatesan K
Muthulakshmi M

Computação quântica e suas aplicações

Balakrishnan Subramanian
Venkatesan K
Muthulakshmi M

Computação quântica e suas aplicações

Computação quântica

ScienciaScripts

Imprint

Any brand names and product names mentioned in this book are subject to trademark, brand or patent protection and are trademarks or registered trademarks of their respective holders. The use of brand names, product names, common names, trade names, product descriptions etc. even without a particular marking in this work is in no way to be construed to mean that such names may be regarded as unrestricted in respect of trademark and brand protection legislation and could thus be used by anyone.

Cover image: www.ingimage.com

This book is a translation from the original published under ISBN 978-620-7-48333-4.

Publisher:
Sciencia Scripts
is a trademark of
Dodo Books Indian Ocean Ltd. and OmniScriptum S.R.L publishing group

120 High Road, East Finchley, London, N2 9ED, United Kingdom
Str. Armeneasca 28/1, office 1, Chisinau MD-2012, Republic of Moldova, Europe
Printed at: see last page
ISBN: 978-620-7-89582-3

ÍNDICE DE CONTEÚDOS

Capítulo 1
INTRODUÇÃO

VISÃO GERAL

A computação quântica é um novo domínio da computação que se baseia nos princípios da mecânica quântica. É diferente da computação clássica porque lida com sistemas que podem existir em mais do que um estado ao mesmo tempo, chamados estados quânticos. Isto permite-lhe efetuar cálculos que não são viáveis em computadores clássicos.

Um computador quântico é constituído por bits quânticos, ou qubits. Estes são semelhantes aos bits clássicos, que podem assumir valores de zero ou um. No entanto, os qubits podem existir numa sobreposição de estados, o que significa que podem ser zero e um simultaneamente. Isto permite que um computador quântico efectue cálculos maciçamente paralelos, que podem ser muito mais rápidos do que os computadores clássicos.

Um dos algoritmos mais populares concebidos para a computação quântica é o algoritmo de Shor para a factorização de grandes números. Tem o potencial de quebrar a segurança dos algoritmos de encriptação comuns utilizados nas transacções em linha. Outro algoritmo é o algoritmo de Grover para pesquisar bases de dados não ordenadas. Pode proporcionar um aumento de velocidade quadrático em comparação com os algoritmos clássicos.

A computação quântica ainda está na sua fase inicial e prevê-se que sejam necessários vários anos até que esteja disponível comercialmente. No entanto, muitas empresas e organizações de investigação já estão a investir fortemente nesta tecnologia. Algumas das empresas líderes neste domínio são a IBM, a Google, a Intel e a Microsoft.

Em conclusão, a computação quântica é um novo e excitante domínio que tem o potencial de revolucionar a forma como fazemos computação. Baseia-se nos princípios da mecânica quântica, o que lhe permite efetuar cálculos que não são possíveis utilizando computadores clássicos. Embora ainda se encontre numa fase inicial, muitas empresas e organizações estão a investir fortemente nesta tecnologia, prevendo-se que esta venha a registar avanços significativos nos próximos anos.

1.1 DEFINIÇÃO DE COMPUTAÇÃO QUÂNTICA

A computação quântica é uma tecnologia de computação nova e avançada que utiliza princípios da mecânica quântica para processar e armazenar informações. Funciona com bits quânticos ou qubits, que podem existir em múltiplos estados ao mesmo tempo, ao contrário dos bits clássicos que só podem ser 0 ou 1. Esta propriedade única dos qubits permite a realização de múltiplos cálculos em simultâneo, conduzindo a uma velocidade de computação exponencialmente mais rápida e à resolução de problemas complexos numa fração do tempo que os computadores clássicos requerem.

O funcionamento de um computador quântico baseia-se em dois princípios fundamentais - a sobreposição e o emaranhamento. A sobreposição refere-se à capacidade de um qubit existir em múltiplos estados simultaneamente até ser medido, enquanto o emaranhamento é o estado em que dois ou mais qubits se tornam correlacionados, e uma alteração no estado de um qubit afecta o estado dos outros, independentemente da distância entre eles.

A computação quântica tem o potencial de revolucionar domínios como a criptografia, as finanças, a descoberta de medicamentos e a inteligência artificial, resolvendo problemas complexos que atualmente não podem ser resolvidos por computadores clássicos. Por exemplo, os computadores quânticos podem resolver rapidamente problemas de otimização, como encontrar o caminho mais curto entre muitos pontos diferentes, o que levaria muitos anos aos computadores clássicos.

No entanto, a construção de um computador quântico requer hardware e infra-estruturas avançadas, e a tecnologia ainda se encontra em fase de desenvolvimento. Os investigadores estão constantemente a explorar novos métodos para ultrapassar desafios como o ruído, os erros e a instabilidade dos qubits. Apesar disso, a computação quântica promete transformar a forma como processamos a informação nos próximos anos.

1.2 HISTÓRIA DA COMPUTAÇÃO QUÂNTICA

A história da computação quântica remonta ao início do século XX, quando a teoria da mecânica quântica foi introduzida pela primeira vez. Foi nessa altura que cientistas como Max Planck e Albert Einstein começaram a explorar o estranho e revolucionário mundo da mecânica quântica. A mecânica quântica é o ramo da física que estuda o comportamento da matéria e da energia à escala dos átomos e das partículas subatómicas.

Uma das descobertas mais significativas nos primórdios da mecânica quântica foi o princípio da sobreposição. Este princípio afirma que uma partícula pode existir em dois estados diferentes ao mesmo tempo. Por exemplo, um eletrão pode existir simultaneamente em dois estados de energia diferentes. Esta ideia foi revolucionária e abriu caminho para o desenvolvimento da computação quântica.

A ideia de utilizar a mecânica quântica para efetuar computação foi proposta pela primeira vez pelo físico Richard Feynman em 1982. Feynman sugeriu que um computador quântico poderia simular o comportamento de um sistema quântico muito mais rapidamente do que um computador clássico. No entanto, só na década de 1990 é que o conceito de computação quântica começou a ser objeto de grande atenção.

Em 1994, Peter Shor, um matemático dos Laboratórios Bell, criou um algoritmo para um computador quântico capaz de fatorizar números grandes muito mais rapidamente do que qualquer algoritmo clássico. Isto provocou uma onda de interesse na computação quântica, uma vez que a factorização é um problema fundamental na criptografia.

Na mesma altura, o físico David Deutsch desenvolveu o primeiro computador quântico universal. O modelo de Deutsch utilizava circuitos quânticos para efetuar operações em qubits - bits quânticos - em vez de bits clássicos. Este facto permitiu ao computador quântico simular sistemas quânticos muito mais rapidamente do que qualquer computador clássico.

Nos anos que se seguiram, os investigadores continuaram a fazer progressos no domínio da computação quântica. Em 1996, cientistas da IBM demonstraram o primeiro algoritmo quântico capaz de superar um algoritmo clássico. Em 2001, investigadores da Universidade de Tecnologia de Chalmers, na Suécia, construíram o primeiro computador quântico capaz de executar o algoritmo de Shor.

Nas últimas duas décadas, a computação quântica continuou a registar progressos significativos. Em 2016, o computador quântico da Google efectuou um cálculo que é praticamente impossível de realizar por um computador clássico. E em 2019, a IBM revelou o primeiro computador quântico disponível comercialmente no mundo.

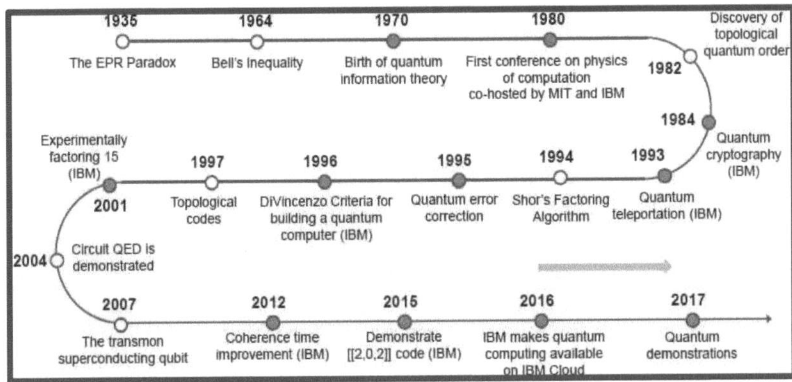

Apesar destes avanços, a computação quântica ainda está a dar os primeiros passos. A tecnologia é incrivelmente complexa e os investigadores ainda estão a tentar ultrapassar muitos desafios técnicos e teóricos.

No entanto, muitos especialistas acreditam que a computação quântica tem o potencial de revolucionar sectores que vão desde as finanças à medicina. À medida que a tecnologia continua a evoluir, podemos esperar ver novas e excitantes aplicações da computação quântica nos próximos anos.

1.3 POTENCIAL FUTURO DA COMPUTAÇÃO QUÂNTICA

A computação quântica é um tipo de computação que utiliza os princípios da mecânica quântica para processar dados. O potencial da computação quântica é imenso e tem muitas aplicações em vários domínios, como os cuidados de saúde, as finanças, a criptografia e a ciência dos materiais.

Uma das aplicações potenciais da computação quântica é a descoberta de medicamentos. A computação quântica pode ser utilizada para simular um grande número de moléculas e as suas reacções num espaço de tempo muito curto, o que pode ajudar a descobrir novos medicamentos e tratamentos. Pode também ser utilizada para otimizar a administração de medicamentos, reduzindo os efeitos secundários e melhorando a eficácia.

No domínio das finanças, a computação quântica pode ser utilizada para analisar dados de mercado e fazer previsões com maior precisão. Pode também ser utilizada para otimizar carteiras de investimento e estratégias de gestão de riscos.

A criptografia é outro domínio em que a computação quântica tem o potencial de revolucionar a segurança. Os computadores quânticos podem quebrar os algoritmos de encriptação mais utilizados, o que significa que terão de ser desenvolvidos novos métodos de encriptação para proteger os dados.

A computação quântica é também muito útil na ciência dos materiais. Pode ser utilizada para simular as propriedades dos materiais a nível molecular e atómico, o que pode levar ao desenvolvimento de novos materiais com propriedades únicas.

Uma aplicação potencial da computação quântica que tem suscitado muito interesse recentemente é a aprendizagem automática quântica. Os computadores quânticos podem ser utilizados para efetuar cálculos complexos e analisar grandes conjuntos de dados muito mais rapidamente do que os computadores tradicionais, o que pode levar a avanços na inteligência artificial e na aprendizagem automática.

Em conclusão, o potencial da computação quântica é imenso e tem o potencial de transformar muitos domínios, incluindo os cuidados de saúde, as finanças, a criptografia, a ciência dos materiais e a inteligência artificial. À medida que a tecnologia se desenvolve, é de esperar que surjam novas aplicações e descobertas, conduzindo a novas descobertas e inovações que ainda nem sequer podemos imaginar.

Capítulo 2
FUNDAMENTOS DA COMPUTAÇÃO QUÂNTICA

2.1 INTRODUÇÃO À MECÂNICA QUÂNTICA

A mecânica quântica é um ramo da física que se ocupa do estudo do comportamento da matéria a nível atómico e subatómico. É uma teoria fundamental que explica o funcionamento da natureza à escala mais pequena, fornecendo uma estrutura para compreender o comportamento de partículas como os electrões, os fotões e os átomos. Os princípios da mecânica quântica revolucionaram a nossa compreensão do universo e permitiram-nos desenvolver tecnologias que transformaram as nossas vidas.

Na sua essência, a mecânica quântica baseia-se na ideia de que as partículas nem sempre se comportam como ondas ou como partículas, mas sim como uma combinação das duas. Esta dualidade da natureza é conhecida como dualidade onda-partícula e pode ser observada em fenómenos como a interferência e a difração.

Ao contrário da mecânica clássica, em que os objectos seguem trajectórias determinísticas, a mecânica quântica é inerentemente probabilística. Isto significa que as partículas podem existir em múltiplos estados simultaneamente, definidos por uma função de onda. A função de onda é uma descrição matemática que nos permite prever a probabilidade de encontrar uma partícula num determinado estado ou localização.

Os princípios da mecânica quântica revolucionaram muitos campos da ciência e da tecnologia, incluindo a química, a eletrónica e a computação. Os computadores quânticos, que utilizam os princípios da mecânica quântica para efetuar cálculos complexos, têm o potencial de revolucionar a forma como processamos a informação e resolvemos problemas complexos.

Apesar dos seus êxitos, a mecânica quântica continua a ser uma teoria misteriosa e enigmática. Muitas das suas previsões desafiam o senso comum e as nossas intuições sobre o comportamento do mundo que nos rodeia. No entanto, continua a ser uma das teorias mais importantes e fundamentais de toda a física, fornecendo-nos uma compreensão profunda da natureza da matéria e do universo como um todo.

2.2 ESTADOS QUÂNTICOS

Os estados quânticos são descrições matemáticas das propriedades físicas dos sistemas quânticos. Estes estados são representados por funções de onda, que são funções matemáticas que descrevem a probabilidade de encontrar uma partícula numa determinada posição ou estado. Eis alguns exemplos de estados quânticos:

1. Estado fundamental: O estado fundamental é o estado de mais baixa energia de um sistema, caracterizado por uma função de onda que é simétrica e não tem nós. Este estado é tipicamente representado pelo símbolo $\psi 0$.

2. Estados excitados: Os estados excitados são estados de maior energia de um sistema, caracterizados por funções de onda que são assimétricas e têm nós. Estes estados têm maior energia do que o estado fundamental e são tipicamente representados por símbolos como $\psi 1$, $\psi 2$, etc.

3. Estados de sobreposição: Os estados de sobreposição são estados que existem quando dois ou mais estados quânticos são combinados. Em um estado de superposição, a partícula está em uma combinação de todos os estados possíveis, com cada estado tendo uma probabilidade diferente de ocorrer. Esses estados são representados por combinações lineares de funções de onda, como $\alpha\psi 1 + \beta\psi 2$, onde α e β são números complexos.

4. Estados emaranhados: Os estados emaranhados ocorrem quando dois ou mais sistemas quânticos estão ligados de tal forma que os seus estados não podem ser descritos independentemente. Num estado emaranhado, o estado de um sistema depende do estado do outro sistema, mesmo que os dois sistemas estejam distantes. Estes estados são representados por funções de onda que descrevem a probabilidade conjunta de observar os estados de ambos os sistemas.

Para além destes estados básicos, existem muitos outros tipos de estados quânticos, incluindo estados coerentes, estados comprimidos e estados de Fock. Cada um destes estados tem propriedades e aplicações únicas na física quântica.

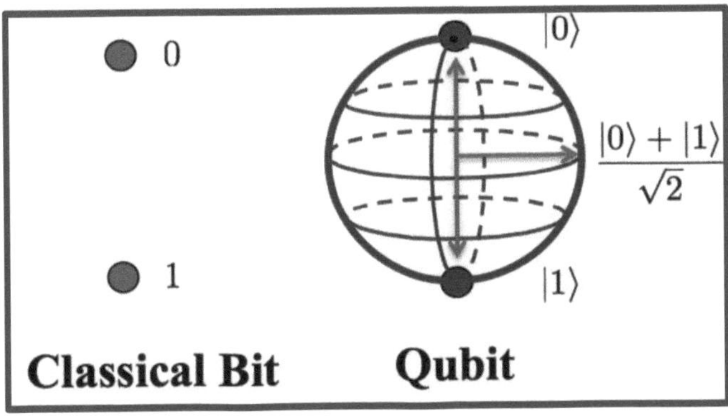

2.3 SUPERPOSIÇÃO E EMARANHAMENTO

A sobreposição e o emaranhamento são dois conceitos fundamentais da mecânica quântica e são cruciais para compreender o comportamento dos sistemas quânticos.

Sobreposição:

A sobreposição refere-se à capacidade de um sistema quântico existir em múltiplos estados simultaneamente. Na física clássica, um objeto só pode existir num estado de cada vez, mas na mecânica quântica, as partículas podem existir numa combinação de estados chamada "sobreposição". Isto significa que as partículas podem estar em vários sítios ou ter várias propriedades ao mesmo tempo.

Por exemplo, uma partícula pode existir numa sobreposição de dois estados, como girar no sentido dos ponteiros do relógio e no sentido contrário ao dos ponteiros do relógio ao mesmo tempo. Esta sobreposição de dois estados possíveis é representada matematicamente como uma combinação linear dos dois estados. Neste caso, o estado da partícula pode ser expresso como:

$$|\psi\rangle = a|\text{no sentido dos ponteiros do relógio}\rangle + b|\text{no sentido contrário}\rangle$$

onde a e b são números complexos chamados amplitudes de probabilidade que determinam a probabilidade de a partícula estar num dos estados. As probabilidades devem ser iguais a 1, o que significa que a partícula deve estar num dos estados quando observada.

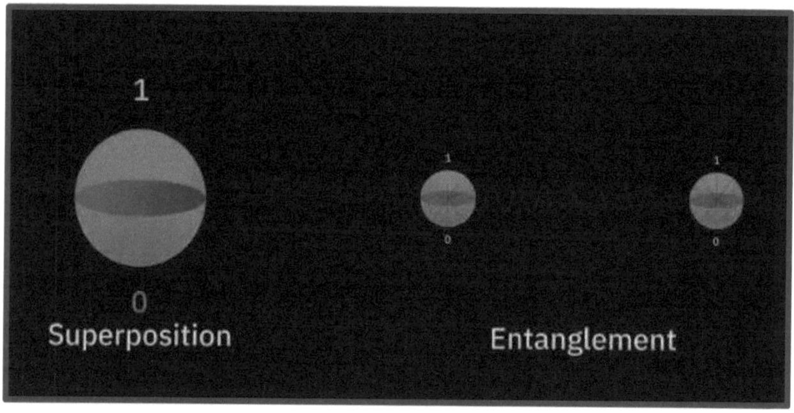

Emaranhamento:

O emaranhamento refere-se ao fenómeno em que duas ou mais partículas podem ser ligadas de tal forma que o estado de uma partícula depende do estado da outra partícula, mesmo quando estão separadas por grandes distâncias. Isto significa que o estado de uma partícula não pode ser descrito independentemente do estado da outra partícula.

Por exemplo, duas partículas emaranhadas podem estar numa sobreposição de dois estados, como girar no sentido horário ou anti-horário. Se uma partícula for observada e se verificar que está a girar no sentido dos ponteiros do relógio, então a outra partícula também deve estar a girar no sentido dos ponteiros do relógio, mesmo que estejam em extremos opostos do universo. Isto é conhecido como "ação assustadora à distância".

Este emaranhamento pode ser utilizado para executar tarefas que a física clássica não consegue realizar, como o teletransporte quântico e a criptografia quântica.

Em resumo, a sobreposição e o emaranhamento são conceitos fundamentais da mecânica quântica que permitem que as partículas existam em múltiplos estados simultaneamente e estejam ligadas de tal forma que o estado de uma partícula dependa do estado da outra partícula, respetivamente. São fundamentais para compreender o comportamento dos sistemas quânticos e têm implicações para as tecnologias quânticas.

2.4 CIRCUITOS QUÂNTICOS

Os circuitos quânticos são semelhantes aos circuitos clássicos no sentido em que são utilizados para manipular qubits, que são as unidades básicas da computação quântica. Tal como os circuitos clássicos, os circuitos quânticos também são constituídos por portas, que são os blocos de construção utilizados para efetuar operações nos qubits.

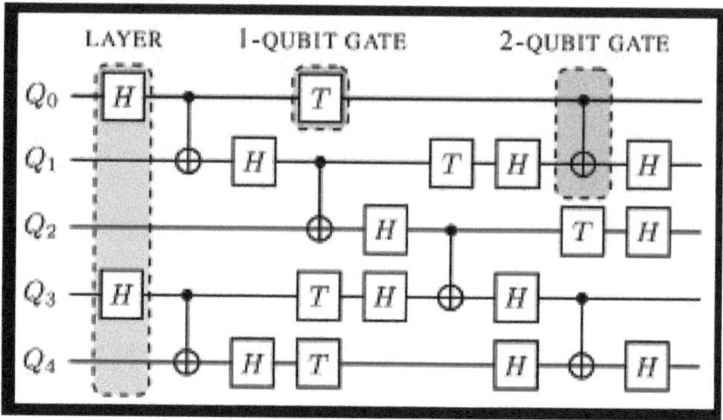

A porta mais comummente utilizada nos circuitos quânticos é a porta Hadamard, que é utilizada para criar estados de sobreposição. A porta CNOT (Controlled NOT) é outro componente importante dos circuitos quânticos, utilizada para efetuar operações de emaranhamento entre dois qubits.

Outras portas comuns utilizadas em circuitos quânticos incluem a porta Pauli-X, a porta Pauli-Y e a porta Pauli-Z. Estas portas são utilizadas para efetuar diferentes tipos de operações em qubits, tais como inverter os seus estados ou rodar a sua fase.

Para além das portas, os circuitos quânticos também incluem outros componentes, como os dispositivos de medição, que são utilizados para medir o estado de um qubit num determinado momento. Isto ajuda a extrair informação dos qubits e a efetuar cálculos sobre eles.

De um modo geral, os circuitos quânticos são modelos complexos e altamente abstractos utilizados na computação quântica. São compostos por várias portas e dispositivos de medição que funcionam em conjunto para efetuar operações sobre qubits e manipular os seus estados.

2.5 ALGORITMOS QUÂNTICOS

Os algoritmos quânticos são algoritmos informáticos que utilizam os princípios e conceitos da mecânica quântica para efetuar cálculos. Em comparação com os algoritmos clássicos, os algoritmos quânticos são capazes de processar dados a velocidades muito mais rápidas e têm o potencial de resolver problemas computacionais que estão para além do alcance dos computadores clássicos.

Os algoritmos quânticos são concebidos para tirar partido das propriedades únicas dos sistemas quânticos, como a sobreposição e o emaranhamento. A sobreposição refere-se à capacidade de um sistema quântico existir em múltiplos estados ao mesmo tempo, enquanto o emaranhamento se refere à correlação entre os estados de múltiplos sistemas quânticos.

Um dos algoritmos quânticos mais conhecidos é o algoritmo de Shor para a factorização de números inteiros. Foi proposto por Peter Shor em 1994 e demonstrou o potencial dos computadores quânticos para quebrar sistemas de encriptação assimétricos, como a encriptação RSA. O algoritmo funciona utilizando a transformada quântica de Fourier e a determinação de períodos para fatorizar números grandes nos seus factores primos em tempo polinomial.

Outro algoritmo quântico útil é o algoritmo de Grover para pesquisar uma base de dados não ordenada. Este algoritmo utiliza o paralelismo quântico e a amplificação de amplitude para pesquisar uma base de dados não ordenada com N itens em aproximadamente O(sqrt(N)) tempo, enquanto os algoritmos clássicos requerem O(N) tempo. O algoritmo tem aplicações em bases de dados e problemas de otimização, bem como em criptografia para quebrar encriptação simétrica.

Foram também desenvolvidos outros algoritmos quânticos, como o algoritmo HHL para resolver sistemas lineares, o algoritmo de Simon para encontrar periodicidades ocultas e o algoritmo de Bernstein-Vazirani para resolver eficientemente funções booleanas.

No entanto, a implementação de algoritmos quânticos enfrenta vários desafios, incluindo a suscetibilidade dos sistemas quânticos a erros e a dificuldade de efetuar medições em sistemas quânticos sem afetar os seus estados. Como tal, os computadores quânticos atualmente disponíveis são ainda limitados em termos de dimensão e capacidades.

De um modo geral, os algoritmos quânticos têm potencial para revolucionar a computação e resolver problemas complexos que os computadores clássicos não conseguem resolver de forma eficiente. A investigação em curso no domínio da computação quântica continua a explorar e a desenvolver novos algoritmos e tecnologias para computadores quânticos.

Capítulo 3
HARDWARE DE COMPUTAÇÃO QUÂNTICA

VISÃO GERAL

O hardware de computação quântica refere-se ao equipamento físico e aos dispositivos utilizados para construir e operar computadores quânticos. Ao contrário dos computadores clássicos, que utilizam bits para armazenar e processar informação, os computadores quânticos utilizam bits quânticos ou qubits que podem existir em múltiplos estados simultaneamente (sobreposição) e podem ser emaranhados com outros qubits. Este facto permite que os computadores quânticos efectuem determinados cálculos muito mais rapidamente do que os computadores clássicos, especialmente no caso de problemas que envolvam grandes quantidades de dados ou cálculos matemáticos complexos.

O hardware de computação quântica inclui vários componentes, como sistemas criogénicos para manter os qubits extremamente frios, fontes de micro-ondas para manipular os qubits e sistemas de controlo sofisticados para manter a estabilidade e a coerência dos qubits. Os qubits podem ser fabricados a partir de diferentes sistemas físicos, como circuitos supercondutores, armadilhas de iões ou sistemas fotónicos. Cada tipo tem as suas próprias vantagens e desafios em termos de escalabilidade, correção de erros e resistência ao ruído.

O hardware de computação quântica está ainda numa fase inicial de desenvolvimento e os investigadores de todo o mundo estão a trabalhar no aperfeiçoamento e inovação de novas tecnologias para construir computadores quânticos mais potentes e robustos. À medida que os computadores quânticos se tornam maiores e mais potentes, têm um enorme potencial para resolver muitos problemas complexos em domínios como a criptografia, a descoberta de medicamentos, e a ciência dos materiais que estão atualmente fora do alcance dos computadores clássicos.

3.1 TIPOS DE QUBITS

Os qubits são os blocos de construção da computação quântica, que são as unidades fundamentais de armazenamento e processamento de informação. Existem vários tipos de qubits, que incluem:

1. Qubits supercondutores: Estes são os qubits mais utilizados na computação quântica. São fabricados com materiais supercondutores, como o alumínio ou o nióbio, e requerem temperaturas ultra-frias próximas do zero absoluto (-273 °C) para funcionar. Os qubits supercondutores utilizam impulsos de micro-ondas para manipular o estado do qubit, o que os torna relativamente fáceis de controlar e escalar.

2. Qubits de spin: Estes qubits baseiam-se no spin de um único eletrão ou núcleo num sistema de estado sólido. Podem ser realizados numa grande variedade de materiais, como o diamante, o silício e os semicondutores. Os qubits de spin oferecem tempos de coerência longos e são adequados para a correção quântica de erros e para a computação quântica tolerante a falhas.

3. Qubits de fotões: Estes qubits baseiam-se nas propriedades quânticas da luz e são gerados utilizando lasers e componentes ópticos. Os qubits de fotões podem ser transmitidos a longas distâncias utilizando fibras ópticas, o que os torna úteis para a comunicação quântica e a ligação em rede.

4. Qubits topológicos: Estes qubits baseiam-se nas propriedades topológicas dos materiais e podem ser realizados em estados exóticos da matéria, como os isoladores topológicos e os supercondutores. Os qubits topológicos oferecem proteção contra a decoerência e podem constituir uma via para a computação quântica tolerante a falhas.

5. Os qubits de armadilha de iões: Estes qubits utilizam iões confinados em campos electromagnéticos como bit quântico. Têm tempos de coerência longos e elevada fidelidade, o que os torna ideais para aplicações de computação quântica. No entanto, exigem configurações experimentais sofisticadas e são difíceis de ampliar.

Superconducting loops

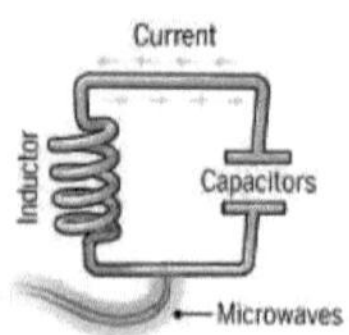

A resistance-free current oscillates back and forth around a circuit loop. An injected microwave signal excites the current into super-position states.

Longevity (seconds) **0.00005**

Logic success rate **99.4%**

Number entangled **9**

Company support
Google. IBM, Quantum Circuits

Pros
Fast working. Build on existing semiconductor industry.

Cons
Collapse easily and must be kept cold.

Trapped ions

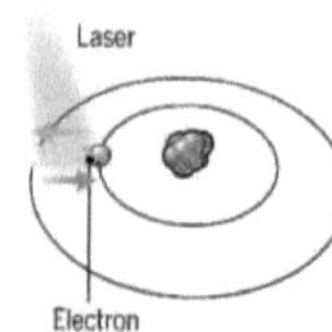

Electrically charged atoms, or ions, have quantum energies that depend on the location of electrons. Tuned lasers cool and trap the ions, and put them in super-position states.

Longevity (seconds) **>1000**

Logic success rate **99.9%**

Number entangled **14**

Company support
ionQ

Pros
Very stable. Highest achieved gate fidelities.

Cons
Slow operation. Many lasers are needed.

Silicon quantum dots

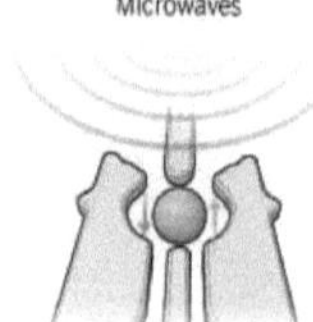

These "artificial atoms" are made by adding an electron to a small piece of pure silicon. Microwaves control the electron's quantum state.

Longevity (seconds) **0.03**

Logic success rate **~99%**

Number entangled **2**

Company support
Intel

Pros
Stable. Build on existing semiconductor industry.

Cons
Only a few entangled. Must be kept cold.

Topological qubits

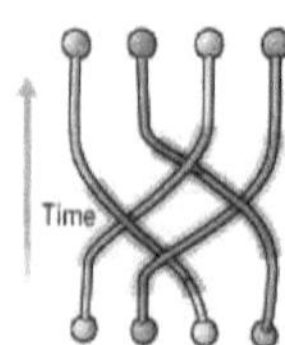

Quasiparticles can be seen in the behavior of electrons channeled through semiconductor structures. Their braided paths can encode quantum information.

Longevity (seconds) **N/A**

Logic success rate **N/A**

Number entangled **N/A**

Company support
Microsoft. Bell Labs

Pros
Greatly reduce errors.

Cons
Existence not yet confirmed.

Diamond vacancies

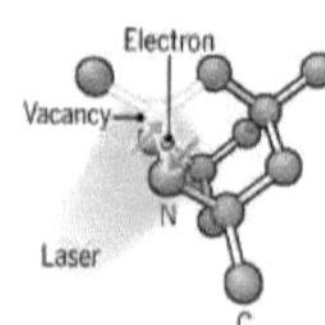

A nitrogen atom and a vacancy add an electron to a diamond lattice. Its quantum spin state, along with those of nearby carbon nuclei, can be controlled with light.

Longevity (seconds) **10**

Logic success rate **99.2%**

Number entangled **6**

Company support
Quantum Diamond Technologies

Pros
Can operate at room temperature.

Cons
Difficult to entangle.

6. Qubits de ressonância magnética nuclear (RMN): Estes qubits utilizam os spins nucleares de moléculas em solução como bits quânticos. Os qubits de RMN são simples de manipular e medir, o que os torna úteis para simulações de química quântica e outras aplicações. No entanto, sofrem de baixos tempos de coerência e não são escaláveis para a computação quântica em grande escala.

Em resumo, os diferentes tipos de qubits têm as suas próprias vantagens e limitações, e os investigadores estão a explorar várias abordagens para construir sistemas de computação quântica fiáveis e escaláveis.

3.2 PORTAS E CIRCUITOS QUÂNTICOS

A computação quântica é um domínio que utiliza a mecânica quântica para efetuar cálculos. As portas e os circuitos quânticos são os elementos básicos dos sistemas de computação quântica. As portas quânticas são o análogo quântico das portas lógicas clássicas. São operações quânticas que actuam sobre um ou mais qubits, ou bits quânticos, para realizar operações específicas. Os circuitos quânticos são uma série de portas quânticas que executam uma tarefa específica.

Quantum Gates:

1. Portas de Pauli:

As portas de Pauli têm o nome de Wolfgang Pauli e incluem as portas X, Y e Z. São algumas das portas mais básicas da computação quântica.

A porta X executa um bit-flip num qubit. Se o qubit estiver no estado '0', ele muda para o estado '1', e se o qubit estiver no estado '1', ele muda para o estado '0'. A representação matemática da porta X é:

X = 0 1

1 0

A porta Y efectua uma inversão de bit e uma mudança de fase num qubit. A mudança de fase é de 90 graus. A representação matemática da porta Y é:

Y = 0 -i

   i 0

A porta Z efectua uma mudança de fase de 180 graus num qubit. A representação matemática da porta Z é:

Z = 1 0

   0 -1

2. Porta de Hadamard:

A porta de Hadamard é também conhecida como porta de Hadamard-Walsh ou porta H. É utilizada para criar uma sobreposição de estados. A representação matemática da porta de Hadamard é:

H = $(1/\sqrt{2})$ 1 1

   1 -1

A porta Hadamard pode ser usada para criar amplitudes de probabilidade iguais para os estados 0 e 1. Isto cria uma sobreposição de estados, onde um qubit pode estar em ambos os estados ao mesmo tempo.

3. Portão CNOT:

A porta CNOT (controlled-NOT) é uma porta de dois qubits muito utilizada na computação quântica. Tem um qubit de controlo e um qubit de destino. O qubit de controlo determina se o qubit de destino é ou não invertido. Se o qubit de controlo estiver no estado "1", o qubit alvo é invertido; caso contrário, permanece no seu estado original. A representação matemática da porta CNOT é a seguinte

CNOT = 1 0 0 0

   0 1 0 0

   0 0 0 1

   0 0 1 0

Operator	Gate(s)	Matrix
Pauli-X (X)	—[X]— —⊕—	$\begin{bmatrix} 0 & 1 \\ 1 & 0 \end{bmatrix}$
Pauli-Y (Y)	—[Y]—	$\begin{bmatrix} 0 & -i \\ i & 0 \end{bmatrix}$
Pauli-Z (Z)	—[Z]—	$\begin{bmatrix} 1 & 0 \\ 0 & -1 \end{bmatrix}$
Hadamard (H)	—[H]—	$\frac{1}{\sqrt{2}} \begin{bmatrix} 1 & 1 \\ 1 & -1 \end{bmatrix}$
Phase (S, P)	—[S]—	$\begin{bmatrix} 1 & 0 \\ 0 & i \end{bmatrix}$
$\pi/8$ (T)	—[T]—	$\begin{bmatrix} 1 & 0 \\ 0 & e^{i\pi/4} \end{bmatrix}$
Controlled Not (CNOT, CX)		$\begin{bmatrix} 1 & 0 & 0 & 0 \\ 0 & 1 & 0 & 0 \\ 0 & 0 & 0 & 1 \\ 0 & 0 & 1 & 0 \end{bmatrix}$
Controlled Z (CZ)		$\begin{bmatrix} 1 & 0 & 0 & 0 \\ 0 & 1 & 0 & 0 \\ 0 & 0 & 1 & 0 \\ 0 & 0 & 0 & -1 \end{bmatrix}$
SWAP		$\begin{bmatrix} 1 & 0 & 0 & 0 \\ 0 & 0 & 1 & 0 \\ 0 & 1 & 0 & 0 \\ 0 & 0 & 0 & 1 \end{bmatrix}$
Toffoli (CCNOT, CCX, TOFF)		$\begin{bmatrix} 1 & 0 & 0 & 0 & 0 & 0 & 0 & 0 \\ 0 & 1 & 0 & 0 & 0 & 0 & 0 & 0 \\ 0 & 0 & 1 & 0 & 0 & 0 & 0 & 0 \\ 0 & 0 & 0 & 1 & 0 & 0 & 0 & 0 \\ 0 & 0 & 0 & 0 & 1 & 0 & 0 & 0 \\ 0 & 0 & 0 & 0 & 0 & 1 & 0 & 0 \\ 0 & 0 & 0 & 0 & 0 & 0 & 0 & 1 \\ 0 & 0 & 0 & 0 & 0 & 0 & 1 & 0 \end{bmatrix}$

Circuitos Quânticos:

Os circuitos quânticos são construídos através da disposição de múltiplas portas quânticas numa ordem específica para efetuar um cálculo quântico. Os circuitos quânticos são a espinha dorsal dos algoritmos quânticos e são utilizados para efetuar tarefas complexas.

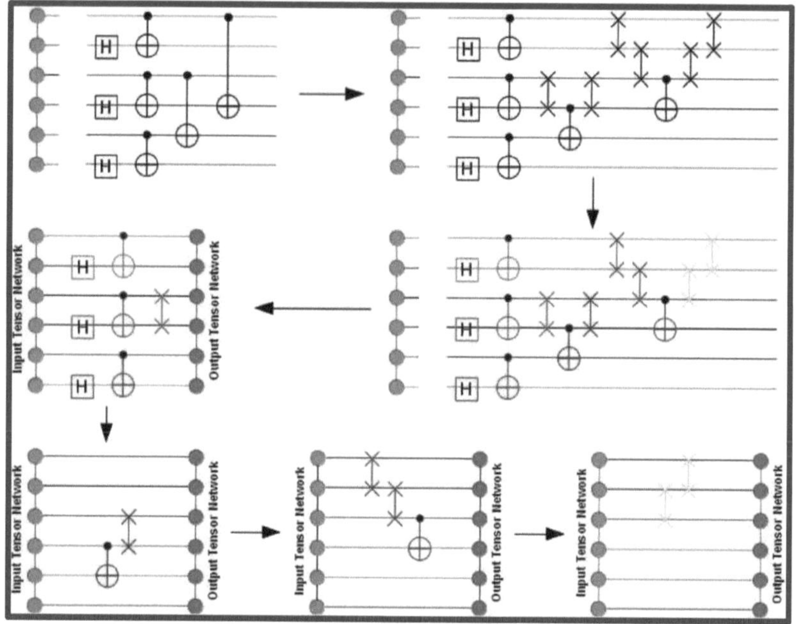

Um exemplo de um circuito quântico é o circuito do Algoritmo de Deutsch. O circuito envolve uma entrada de um único qubit, seguida de uma porta de Hadamard, um operador de um único qubit, outra porta de Hadamard e a porta de medição. O circuito foi concebido para determinar se uma função é constante ou variável.

Outro exemplo de um circuito quântico é o circuito do Algoritmo de Grover. O algoritmo é utilizado para pesquisar uma base de dados não ordenada e extrair o valor desejado com menos consultas do que os algoritmos clássicos. O circuito é composto por uma série de portas Hadamard, uma porta Oracle e uma porta de operador de difusão.

Em conclusão, as portas e os circuitos quânticos são fundamentais para a computação quântica. Proporcionam um meio de manipular e interagir com qubits, permitindo a execução de algoritmos quânticos complexos.

3.3 CORRECÇÃO QUÂNTICA DE ERROS

A correção quântica de erros é uma técnica fundamental na computação quântica que permite a deteção e correção de erros que podem ocorrer durante o processamento de informação quântica. Esta técnica é fundamental porque, ao contrário dos computadores clássicos, os computadores quânticos são extremamente susceptíveis a erros devido à sua sensibilidade inerente ao seu ambiente.

A ideia básica subjacente à correção quântica de erros consiste em codificar os qubits (as unidades fundamentais da informação quântica) de forma a permitir a deteção e correção de erros. Isto é conseguido através da utilização de códigos quânticos de correção de erros, que são conjuntos de qubits concebidos para proteger contra tipos específicos de erros. Os tipos de erros mais comuns nos sistemas quânticos são as inversões de bits (em que o valor de um qubit passa de 0 para 1 ou vice-versa) e as inversões de fase (em que a fase de um qubit é invertida).

Num código quântico de correção de erros típico, um conjunto de n qubits é utilizado para codificar um único qubit de informação. Estes n qubits estão dispostos de forma a garantir que quaisquer erros que afectem um determinado qubit possam ser detectados e corrigidos. Por exemplo, um código corretor de erros comum é o código bit-flip de três qubits, em que três qubits são utilizados para codificar um único qubit de informação. Neste código, os três qubits estão dispostos de forma a que quaisquer erros de mudança de bit possam ser detectados e corrigidos utilizando os outros dois qubits.

Outro aspeto importante da correção quântica de erros é a utilização de medições da síndrome de erro. Estas medições são utilizadas para detetar erros nos qubits e são efectuadas medindo o estado dos qubits sem os perturbar. Ao analisar os resultados destas medições, é possível determinar quais os qubits que foram afectados por erros.

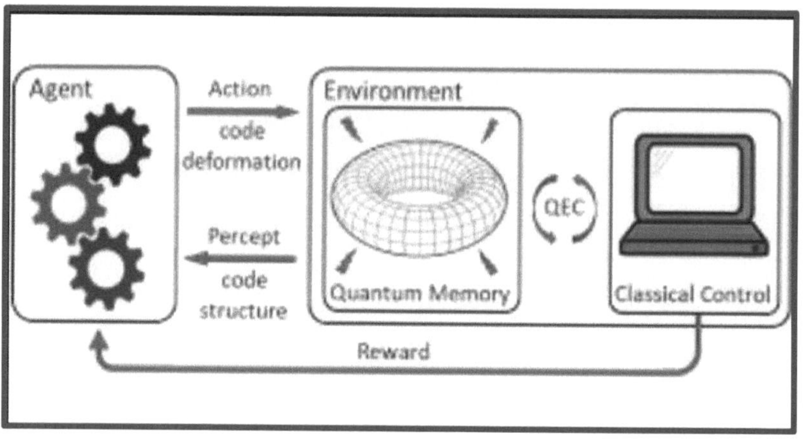

Uma vez detectados os erros, o passo seguinte na correção quântica de erros é corrigi-los. Isto é feito através da aplicação de operações quânticas específicas aos qubits que foram afectados por erros. Estas operações são concebidas para inverter os efeitos dos erros e restaurar o estado original dos qubits.

Em conclusão, a correção quântica de erros é um aspeto essencial da computação quântica que permite a deteção e a correção de erros que podem ocorrer durante o processamento da informação quântica. Utilizando códigos quânticos de correção de erros, medições da síndrome de erro e operações quânticas para corrigir erros, é possível garantir a precisão e a fiabilidade dos cálculos quânticos.

3.4 COMPUTAÇÃO QUÂNTICA TOPOLÓGICA

A computação quântica topológica (TQC) é um tipo de computação quântica que se baseia na manipulação de qubits topológicos, que estão protegidos do ruído ambiental devido às suas propriedades topológicas. Os qubits topológicos são anyons - partículas que se comportam de forma diferente dos férmions e bósons - que são criados quando um material é arrefecido a uma temperatura muito baixa.

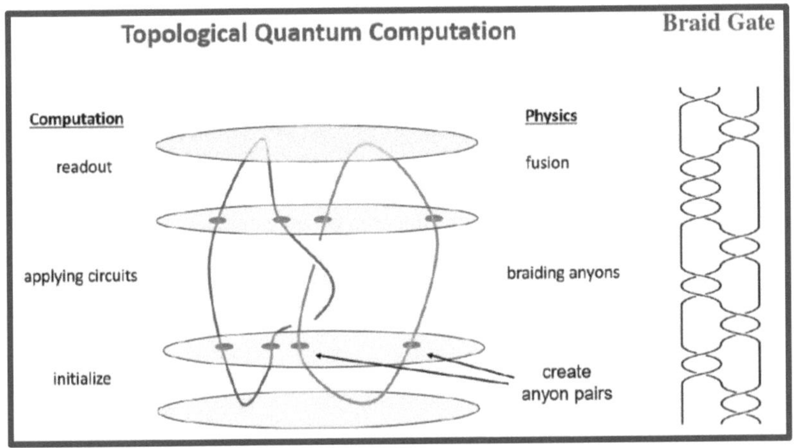

No TQC, a manipulação dos qubits topológicos é feita movendo-os em torno uns dos outros num circuito fechado. Este movimento altera a fase do estado quântico dos qubits topológicos, que codifica a informação. As operações de portas quânticas no TQC são efectuadas através da trança de qubits topológicos. Isto significa que os qubits são movidos em torno uns dos outros numa série de loops que alteram os seus estados quânticos e, assim, os emaranham.

Uma das principais vantagens do TQC é a sua capacidade inerente de correção de erros. Devido às suas propriedades topológicas, os qubits topológicos estão protegidos contra perturbações locais. Isto significa que, mesmo que uma determinada região do computador quântico seja afetada por ruído, o estado quântico dos qubits pode ser preservado.

A TQC tem aplicações numa vasta gama de domínios, incluindo a criptografia, a ciência dos materiais e a aprendizagem automática. Por exemplo, a TQC pode ser utilizada para decifrar códigos criptográficos que são atualmente inquebráveis por métodos de computação clássicos. Poderá também ajudar a descobrir novos materiais com propriedades invulgares que poderão ser utilizados para armazenamento de energia ou outras aplicações.

Um dos principais desafios em TQC é a realização experimental de qubits topológicos. Até à data, apenas alguns tipos de materiais produziram qubits topológicos, que são difíceis de manipular devido aos seus estados de baixa energia. No entanto, os investigadores estão a fazer progressos no desenvolvimento de novos materiais e técnicas para a criação de qubits topológicos, e a TQC continua a ser uma área de investigação ativa.

Capítulo 4
APLICAÇÕES DA COMPUTAÇÃO QUÂNTICA

4.1 CRIPTOGRAFIA

As aplicações da computação quântica têm o potencial de revolucionar completamente o domínio da criptografia. Os computadores quânticos utilizam bits quânticos ou qubits, que podem existir em múltiplos estados simultaneamente, conduzindo a cálculos mais rápidos e quebrando os métodos de encriptação tradicionais. No entanto, a computação quântica também pode ser utilizada para reforçar os métodos de encriptação e desenvolver novas técnicas que sejam totalmente seguras contra ataques quânticos. Eis algumas aplicações da computação quântica na criptografia

1. Troca de chaves criptográficas - A criptografia baseia-se na troca de chaves para proteger a informação. Os computadores quânticos têm a vantagem de gerar e partilhar pares de chaves de uma forma completamente segura através da distribuição de chaves quânticas (QKD). A QKD baseia-se nos princípios da mecânica quântica e qualquer interceção é detectada automaticamente, tornando impossível roubar a informação da troca de chaves.

2. Quebrar a criptografia - A computação quântica tem potencial para quebrar muitos métodos tradicionais de encriptação em minutos ou segundos, o que levaria dezenas de milhares de anos aos actuais supercomputadores. Um desses métodos criptográficos é o RSA, que se baseia na dificuldade de fatorizar números grandes. Os computadores quânticos podem faturar grandes números rapidamente, o que tornará esta técnica de encriptação totalmente vulnerável.

3. Funções de hash - Os algoritmos quânticos, como o algoritmo de Grover, podem quebrar as funções de hash, que são fundamentais para a autenticação segura de dados. As funções de hash utilizam cálculos matemáticos para converter dados em cadeias de caracteres de comprimento fixo únicas, e quaisquer alterações aos dados resultarão na geração de um valor de hash diferente. A computação quântica pode acelerar estes cálculos e gerar colisões de hash entre dados diferentes de forma eficiente.

4. Criptografia resistente ao quantum - Podem ser desenvolvidos métodos de cifragem resistentes ao quantum que sejam totalmente seguros contra ataques quânticos. A criptografia baseada em redes é uma das principais candidatas à criptografia pós-quântica e tem mostrado resultados promissores na resistência a ataques quânticos. Ao desenvolver novos algoritmos criptográficos, os dados podem ser protegidos numa era de computação quântica.

Em conclusão, a computação quântica pode ser tanto uma ameaça como uma oportunidade no domínio da criptografia. Os métodos tradicionais de encriptação perderão a sua eficácia, sendo necessário desenvolver novas técnicas para proteger os dados na era da computação quântica. Além disso, a computação quântica pode ser utilizada para reforçar a segurança dos métodos criptográficos através da distribuição quântica de chaves e da criptografia pós-quântica.

4.2 PROBLEMAS DE OPTIMIZAÇÃO

A computação quântica tem o potencial de revolucionar o domínio da otimização e de resolver problemas mais rapidamente do que os computadores clássicos. Algumas potenciais aplicações da computação quântica a problemas de otimização incluem:

1. Logística e gestão da cadeia de abastecimento: A computação quântica pode otimizar cadeias de abastecimento complexas e melhorar os prazos de entrega, encontrando rapidamente a rota mais eficiente para o transporte de bens e serviços.

2. Modelação financeira: A computação quântica pode otimizar as carteiras financeiras através da execução de simulações para obter os rendimentos mais elevados.

3. Descoberta de medicamentos: A computação quântica pode otimizar o processo de testar milhões de compostos de medicamentos e prever a sua eficácia, conduzindo potencialmente a um desenvolvimento mais rápido de medicamentos que salvam vidas.

4. Otimização do tráfego: A computação quântica pode otimizar o fluxo de tráfego em áreas urbanas e reduzir o congestionamento, determinando as rotas mais eficientes para os veículos.

5. Gestão da rede de energia: A computação quântica pode otimizar a rede eléctrica, simulando diferentes cenários e determinando a forma mais eficiente de atribuir eletricidade.

6. Otimização do fabrico: A computação quântica pode otimizar as linhas de produção das fábricas, prevendo os padrões de fluxo de trabalho mais eficientes.

Globalmente, a computação quântica tem potencial para melhorar a eficiência e o desempenho de muitos problemas de otimização numa variedade de indústrias, conduzindo a poupanças de custos e a melhores resultados.

4.3 SIMULAÇÃO DE SISTEMAS QUÂNTICOS

Aplicações da computação quântica na simulação de sistemas quânticos:

1. Ciências dos materiais: Os computadores quânticos podem simular o comportamento de moléculas e materiais, permitindo aos investigadores conceber novos materiais com propriedades adaptadas;

2. Descoberta de medicamentos: Utilizando computadores quânticos para simular enzimas complexas e outras biomoléculas, os investigadores podem acelerar a descoberta de medicamentos e identificar novas moléculas terapêuticas;

3. Criptografia: Os computadores quânticos podem quebrar muitos dos protocolos criptográficos utilizados para proteger as comunicações modernas, mas também podem ser utilizados para criar novos sistemas criptográficos resistentes ao quantum;

4. Otimização: Os algoritmos quânticos, como o algoritmo Quantum Annealing, podem ser utilizados para otimizar sistemas complexos, como a logística da cadeia de abastecimento, o encaminhamento de veículos ou a gestão de carteiras financeiras;

5. Aprendizagem automática quântica: A computação quântica pode acelerar muitos dos algoritmos de aprendizagem automática, como a agregação, a classificação e o reconhecimento de padrões, e pode também ser utilizada para criar novos métodos de aprendizagem automática melhorados pelo quantum;

6. Simulação quântica: A computação quântica pode ser utilizada para simular sistemas quânticos, tais como ímanes quânticos, líquidos de spin quânticos ou qubits supercondutores, permitindo aos investigadores obter informações sobre o comportamento destes sistemas e conceber novos dispositivos quânticos.

4.4 APRENDIZAGEM AUTOMÁTICA

A computação quântica pode potencialmente revolucionar o domínio da aprendizagem automática, permitindo algoritmos mais rápidos e mais eficientes para resolver problemas complexos. Eis algumas aplicações potenciais da computação quântica na aprendizagem automática:

1. Melhorar os algoritmos de otimização: Os algoritmos quânticos podem otimizar funções complexas mais rapidamente do que os algoritmos de otimização tradicionais, o que pode beneficiar as tarefas de aprendizagem automática, como a afinação de parâmetros, a seleção de características e a otimização de hiperparâmetros.

2. Melhorar os algoritmos de agregação: Os algoritmos quânticos podem melhorar a velocidade e a precisão das tarefas de agrupamento, reduzindo o tempo e os recursos necessários para a classificação e o agrupamento.

3. Pesquisa mais rápida em bases de dados: Os algoritmos quânticos podem melhorar a velocidade dos algoritmos de aprendizagem automática para pesquisar grandes bases de dados, o que pode acelerar tarefas como o reconhecimento de imagens e o processamento de linguagem natural.

4. Sistemas de IA melhorados: A computação quântica pode potencialmente melhorar os algoritmos de aprendizagem automática, como as árvores de decisão e as redes neuronais, melhorando a velocidade, a precisão e a capacidade de trabalhar com grandes quantidades de dados.

5. Inferência Bayesiana: A computação quântica pode melhorar a velocidade e a precisão da análise de modelos probabilísticos, permitindo tarefas mais avançadas de aprendizagem automática, como a programação probabilística.

6. Otimização dos algoritmos quânticos: Por último, a computação quântica pode permitir a otimização dos próprios algoritmos quânticos, conduzindo a algoritmos de aprendizagem automática mais eficientes e eficazes.

4.5 APLICAÇÕES CIENTÍFICAS

A computação quântica tem potencial para transformar muitos domínios de investigação e descoberta científica. Algumas das potenciais aplicações da computação quântica na investigação científica são:

1. Descoberta e desenvolvimento de medicamentos: Os computadores quânticos podem simular interacções moleculares complexas e ajudar os farmacologistas a conceber medicamentos de forma mais eficiente. A simulação quântica pode avaliar a eficácia e a toxicidade de potenciais candidatos a medicamentos e encurtar o processo de desenvolvimento de medicamentos, que pode demorar anos.

2. Modelação molecular: Os computadores quânticos podem efetuar simulações moleculares complexas mais rapidamente do que os supercomputadores tradicionais, permitindo potencialmente a descoberta de novos materiais e das suas propriedades. Os investigadores podem utilizar os computadores quânticos para resolver problemas anteriormente insolúveis no domínio da química e da ciência dos materiais.

3. Modelação climática: Os modelos de simulação climática são um dos problemas mais complexos da ciência computacional. Os computadores quânticos podem potencialmente acelerar o processo de simulação, o que pode ajudar a prever os futuros padrões meteorológicos e as alterações climáticas.

4. Problemas de otimização: As empresas necessitam frequentemente de otimizar recursos e processos para reduzir custos e aumentar a eficiência. Os computadores quânticos podem resolver problemas de otimização mais rapidamente do que os computadores tradicionais, como encontrar a rota mais eficiente para um camião de entregas ou o horário de um voo de uma companhia aérea.

5. Criptografia: Os computadores quânticos podem quebrar a encriptação tradicional, o que torna a criptografia quântica segura essencial para uma comunicação segura. A criptografia quântica é um domínio emergente que utiliza os princípios da mecânica quântica para criar canais de comunicação seguros e imunes à espionagem.

6. Inteligência artificial e aprendizagem automática: A computação quântica pode ajudar a aperfeiçoar os algoritmos de aprendizagem automática e melhorar o reconhecimento de padrões. Os computadores quânticos podem potencialmente treinar modelos de aprendizagem automática com conjuntos de dados maiores para realizar tarefas complexas a um ritmo muito mais rápido.

7. Astronomia e astrofísica: A computação quântica pode ajudar os físicos a simular o comportamento dos corpos celestes e os efeitos da gravidade a uma escala maior. Este facto pode ajudar a compreender os mistérios do espaço e o funcionamento do universo.

De um modo geral, a computação quântica pode acelerar significativamente a investigação e a descoberta científica em vários domínios, e o potencial é imenso.

Capítulo 5
INDÚSTRIA DA COMPUTAÇÃO QUÂNTICA

VISÃO GERAL

A computação quântica é um sector em rápida evolução que oferece uma nova abordagem radical para resolver problemas complexos de forma mais rápida e eficiente do que os métodos de computação tradicionais. À medida que a tecnologia se torna mais avançada e acessível, tem o potencial de revolucionar domínios como a criptografia, as finanças, os produtos farmacêuticos, a energia e outros.

Atualmente, existem vários intervenientes importantes no mercado da computação quântica, incluindo a IBM, a Google, a Microsoft, a Honeywell e a Rigetti Computing. Estas empresas estão a trabalhar para desenvolver processadores quânticos, algoritmos e ferramentas de software que possam suportar uma variedade de aplicações.

Um dos maiores desafios que a indústria enfrenta é a instabilidade dos qubits, que são os elementos básicos dos computadores quânticos. A correção de erros quânticos e a tolerância a falhas são cruciais para o desenvolvimento de computadores quânticos fiáveis e escaláveis. Para resolver esta questão, as empresas estão a investir fortemente em investigação e desenvolvimento para melhorar a coerência dos qubits e reduzir os erros.

Outro desafio é o número limitado de qubits atualmente disponíveis nos processadores quânticos. Consequentemente, os computadores quânticos só são atualmente capazes de efetuar cálculos simples e a sua utilidade para a resolução de problemas complexos é limitada. No entanto, à medida que a indústria continua a desenvolver-se, espera-se que o número de qubits num processador aumente e permita cálculos mais complexos.

Para além dos avanços no hardware, a indústria da computação quântica está também a concentrar-se no desenvolvimento de novos algoritmos que possam tirar partido das propriedades únicas dos sistemas quânticos. Estes algoritmos têm o potencial de resolver problemas complexos em domínios como a criptografia, a modelização molecular e a otimização numa fração do tempo que seria necessário com os métodos de computação tradicionais.

De um modo geral, a indústria da computação quântica está ainda na sua fase inicial de desenvolvimento. No entanto, à medida que os avanços continuam a ser feitos no hardware e no software, tem o potencial de perturbar a computação tradicional e revolucionar muitas indústrias.

5.1 PANORÂMICA DAS EMPRESAS DE COMPUTAÇÃO QUÂNTICA

As empresas de computação quântica são organizações especializadas na conceção, desenvolvimento e produção de computadores quânticos e tecnologias relacionadas. Estas empresas estão envolvidas no avanço do campo da computação quântica, que é um novo paradigma na computação que aproveita o poder da mecânica quântica para efetuar cálculos complexos que estão para além das capacidades dos computadores clássicos.

Há várias empresas de computação quântica que deram contributos significativos para este domínio, incluindo a IBM, a Google, a Microsoft, a Rigetti Computing, a D-Wave Systems, a Xanadu, a IonQ e a Honeywell. Cada uma destas empresas tem a sua própria abordagem à computação quântica, desde a construção de computadores quânticos em grande escala, com correção total de erros, até ao desenvolvimento de sistemas híbridos de computação clássica-quântica.

A IBM é uma das primeiras empresas a entrar no domínio da computação quântica e é um dos líderes do sector. A empresa oferece várias plataformas diferentes para a computação quântica, incluindo o IBM Quantum Experience, que é um serviço baseado na nuvem que permite aos utilizadores aceder e executar programas quânticos nos computadores quânticos da IBM.

A Google é outro ator importante no domínio da computação quântica. A empresa tem estado a trabalhar no desenvolvimento de computadores quânticos que podem efetuar cálculos úteis que são impossíveis com os computadores clássicos. Os esforços da Google têm-se centrado na construção de computadores quânticos de grandes dimensões e com correção de erros, capazes de efetuar cálculos numa questão de segundos.

A Microsoft também investiu fortemente na computação quântica e desenvolveu várias soluções inovadoras de hardware e software para a computação quântica. A empresa tem-se concentrado no desenvolvimento de qubits, que são os blocos de construção dos computadores quânticos, e na criação do software e das ferramentas necessárias para programar e executar computadores quânticos de forma eficiente.

A Rigetti Computing é uma empresa em fase de arranque que se dedica ao desenvolvimento de um novo tipo de computador quântico, construído com qubits supercondutores. A empresa desenvolveu um sistema de computação híbrido clássico-quântico chamado Forest, que permite aos programadores escrever algoritmos quânticos utilizando linguagens de programação normais.

A D-Wave Systems é uma empresa que tem vindo a desenvolver sistemas de recozimento quântico há vários anos. O recozimento quântico é uma abordagem diferente da computação quântica que se centra na resolução de problemas de otimização, e os sistemas da D-Wave têm sido utilizados numa variedade de aplicações, incluindo logística, finanças e descoberta de medicamentos.

A Xanadu é uma empresa em fase de arranque que se dedica ao desenvolvimento de um novo tipo de sistema de computação quântica que utiliza qubits baseados em fotões. A abordagem da empresa consiste em utilizar a luz em vez de electrões para criar qubits, o que poderá conduzir a sistemas de computação quântica mais eficientes e práticos.

A IonQ é outra empresa em fase de arranque que desenvolveu um novo tipo de computador quântico que utiliza qubits de iões aprisionados. O objetivo da empresa é construir computadores quânticos de grande escala que possam realizar cálculos úteis a curto prazo.

A Honeywell é um conglomerado multinacional que entrou recentemente no domínio da computação quântica. A empresa desenvolveu um novo tipo de computador quântico que utiliza a tecnologia de armadilhas de iões e tem várias parcerias com outras empresas e instituições neste domínio.

Em conclusão, o campo da computação quântica está a evoluir rapidamente e há muitos desenvolvimentos e inovações interessantes a acontecer na indústria. Estas empresas de computação quântica estão na vanguarda deste domínio e estão a trabalhar para criar a próxima geração de tecnologia de computação que irá revolucionar a forma como processamos e analisamos os dados.

5.2 INVESTIMENTOS NO DOMÍNIO DA COMPUTAÇÃO QUÂNTICA

Nos últimos anos, tem-se registado um aumento do investimento no domínio emergente da computação quântica. Eis alguns investimentos notáveis no domínio da computação quântica:

1. Google Quantum AI: A Google é uma das empresas líderes no domínio da computação quântica, com a sua equipa de investigadores a trabalhar na construção de computadores quânticos de grande escala e tolerantes a falhas. A empresa tem vindo a investir fortemente nesta tecnologia e desenvolveu o seu próprio processador quântico, o chip Sycamore.

2. IBM Quantum: A IBM também tem sido uma das pioneiras na computação quântica, com a criação da IBM Quantum Experience. A empresa tem vindo a estabelecer parcerias com governos e empresas para explorar as aplicações da computação quântica em vários domínios.

3. Microsoft Quantum: A Microsoft tem vindo a investir fortemente na computação quântica e criou um grupo de investigação para trabalhar no desenvolvimento de hardware e software de computação quântica.

4. Rigetti Computing: Esta startup está focada na construção de uma plataforma de computação quântica de pilha completa. Até à data, angariou mais de 160 milhões de dólares em financiamento.

5. PsiQuantum: Esta empresa recebeu mais de 230 milhões de dólares de financiamento para criar um computador quântico em grande escala.

6. Soluções quânticas da Honeywell: A Honeywell é outra empresa que investiu na computação quântica, com o recente lançamento do seu próprio computador quântico.

7. D-Wave Systems: A D-Wave é pioneira no domínio da computação quântica e estabeleceu-se como um dos principais fornecedores comerciais de hardware e software de computação quântica. Recebeu mais de 200 milhões de dólares de financiamento até à data.

De um modo geral, o campo da computação quântica está a ganhar rapidamente impulso e a concorrência para um avanço neste domínio está a aumentar.

5.3 FUTURO DO SECTOR

O futuro não é imutável e pode ser influenciado por vários factores, incluindo os avanços tecnológicos, a regulamentação governamental e as políticas de financiamento.

A indústria da computação quântica está pronta a revolucionar o sector das TI e a resolver vários problemas que os computadores clássicos não conseguem resolver. Eis alguns dos potenciais desenvolvimentos esperados na indústria quântica nos próximos anos.

1. Aumento da capacidade de computação quântica

Prevê-se que o poder da computação quântica aumente drasticamente na próxima década. Atualmente, os computadores quânticos mais avançados podem efetuar alguns cálculos que um computador clássico demora anos a realizar, mas ainda não têm capacidade para resolver problemas complexos, como os que estão envolvidos na descoberta de medicamentos e na dobragem de proteínas. No entanto, prevê-se que, até 2030, os computadores quânticos sejam capazes de resolver estes problemas complexos em horas.

2. Aplicações no domínio das finanças e dos cuidados de saúde

A computação quântica terá um impacto significativo nas finanças e nos cuidados de saúde. No sector financeiro, os algoritmos quânticos serão utilizados para otimizar carteiras, detetar fraudes e avaliar instrumentos financeiros complexos. A computação quântica ajudará os investigadores da área da saúde a descobrir novos medicamentos, reduzindo significativamente o número de ensaios e erros.

3. Avanços na comunicação quântica

A comunicação quântica desempenhará um papel fundamental na segurança das redes de comunicação no futuro. A criptografia quântica, que utiliza os princípios da mecânica quântica para proteger os canais de comunicação, tornar-se-á a norma na transmissão de dados. A comunicação quântica será também utilizada para detetar e prevenir tentativas de pirataria informática.

4. Crescimento das tecnologias quânticas

As tecnologias quânticas, como os sensores quânticos, a memória quântica e a imagiologia quântica, tornar-se-ão comercialmente disponíveis nos próximos anos. Os sensores quânticos podem detetar alterações subtis nos campos magnéticos e gravitacionais e a memória quântica pode armazenar grandes quantidades de dados. Estas tecnologias encontrarão aplicações em sectores como o petróleo e o gás, a exploração mineira e a indústria aeroespacial.

5. Aumento do número de empresas quânticas em fase de arranque

A indústria quântica assistirá a um aumento do número de empresas quânticas em fase de arranque nos próximos anos. Os investidores de capital de risco já estão a investir fortemente em empresas quânticas em fase de arranque que têm o potencial de perturbar indústrias estabelecidas, como as finanças, os cuidados de saúde e a agricultura.

Em conclusão, a indústria quântica está preparada para crescer rapidamente nos próximos anos. O poder da computação quântica aumentará e as tecnologias quânticas tornar-se-ão comercialmente disponíveis. Podemos esperar por um futuro em que a computação quântica e a comunicação quântica estejam integradas em todos os aspectos das nossas vidas.

Capítulo 6
DESAFIOS DA COMPUTAÇÃO QUÂNTICA

VISÃO GERAL

A computação quântica é uma das tecnologias mais prometedoras do futuro. Tem o potencial de oferecer soluções para alguns dos problemas mais complexos e difíceis do mundo da computação. No entanto, o caminho para se conseguir um computador quântico totalmente funcional e fiável está repleto de dificuldades e os investigadores enfrentam inúmeros desafios no desenvolvimento desta tecnologia. Eis uma panorâmica dos desafios da computação quântica em pormenor:

1. Escalabilidade:

O principal desafio no desenvolvimento de um computador quântico é a escalabilidade. Construir um dispositivo capaz de efetuar cálculos quânticos não é uma tarefa fácil. Atualmente, os processadores quânticos têm um número limitado de qubits, que são os blocos de construção da Computação Quântica. O principal problema é que a complexidade dos cálculos que podem ser efectuados num dispositivo deste tipo aumenta exponencialmente em função do número de qubits presentes. Por conseguinte, a engenharia de um dispositivo capaz de efetuar cálculos quânticos num grande número de qubits é crucial para a aplicação prática da computação quântica.

2. Ruído e correção de erros:

A computação quântica é muito sensível ao seu ambiente. A mais pequena perturbação pode causar um fenómeno chamado decoerência, que provoca o colapso do estado quântico e a perda de toda a informação. Este fenómeno pode causar erros significativos nos cálculos e constitui um desafio importante que os investigadores têm de ultrapassar. A solução consiste em desenvolver códigos de correção de erros eficientes que possam atenuar os efeitos do ruído no sistema. No entanto, os códigos de correção de erros requerem normalmente mais qubits do que o cálculo original, o que torna o problema da escalabilidade ainda mais difícil.

3. Algoritmos Quânticos e Programação:

O modelo atual de programação e de algoritmos, ou seja, a arquitetura Von Newmann, não pode ser aplicado à computação quântica. Por conseguinte, os investigadores têm de desenvolver um novo conjunto de algoritmos e novas técnicas de programação para a computação quântica. O desenvolvimento destes códigos é um enorme desafio, pois um passo em falso pode significar que o código não pode extrair a potência máxima do computador quântico. Além disso, com a falta de sistemas de entrada-saída na computação quântica, é difícil verificar a correção dos programas quânticos.

4. Restrições físicas e de hardware:

A computação quântica exige tipos especiais de materiais e tecnologias que não estão vulgarmente disponíveis. Os investigadores têm de desenvolver sistemas laser únicos, técnicas de arrefecimento complexas e chips de computador que funcionem no domínio quântico. Um desafio adicional é o facto de o hardware quântico ser muito mais sensível do que os chips de computador tradicionais, o que significa que mesmo pequenos defeitos podem causar problemas significativos, obrigando os investigadores a conceber técnicas especiais de calibração e blindagem.

5. Financiamento:

Um dos grandes desafios que os investigadores enfrentam é o financiamento. A atual fase de desenvolvimento da computação quântica exige muito investimento e recursos para manter e desenvolver a tecnologia. O desenvolvimento de instalações experimentais, a contratação de peritos e a construção de infra-estruturas requerem investimentos e tempo significativos. Por conseguinte, é imperativo dispor de financiamento suficiente para desenvolver instalações de investigação quântica e explorar novas vias de investigação.

Em conclusão, a computação quântica é uma tecnologia que oferece um futuro promissor, mas tem de superar numerosos desafios antes de atingir todo o seu potencial. Os desafios da escalabilidade, da correção de erros, do algoritmo e da programação, das restrições físicas e de hardware e do financiamento são apenas alguns dos factores que os investigadores neste domínio estão a trabalhar arduamente para resolver. No entanto, com investimentos e inovações adequados, os cientistas e investigadores esperam resolver estes desafios nos próximos anos e desbloquear o potencial ilimitado desta tecnologia.

6.1 DESAFIOS TÉCNICOS

A computação quântica ainda está na sua fase inicial de desenvolvimento e há vários desafios técnicos que têm de ser ultrapassados para concretizar todo o potencial desta tecnologia. Eis alguns dos principais desafios técnicos da computação quântica:

1. A decoerência quântica:

Os computadores quânticos baseiam-se nos princípios da mecânica quântica para efetuar operações. No entanto, os sistemas quânticos são extremamente frágeis e podem ser facilmente perturbados por factores externos, como a temperatura, a radiação electromagnética ou outros factores ambientais. Isto conduz a um fenómeno designado por decoerência quântica, que pode causar erros nos cálculos efectuados pelo computador quântico.

2. Estabilidade do Qubit:

Os computadores quânticos utilizam qubits (bits quânticos) em vez de bits clássicos para armazenar e processar informação. Os qubits podem existir em múltiplos estados simultaneamente, o que os torna muito mais poderosos do que os bits clássicos. No entanto, os qubits também são susceptíveis de erros e requerem um elevado grau de estabilidade para manter o seu estado de sobreposição.

3. Escalabilidade:

Os computadores quânticos são normalmente constituídos por um pequeno número de qubits (atualmente até algumas dezenas). No entanto, para efetuar cálculos úteis, os computadores quânticos terão de ser capazes de atingir centenas ou milhares de qubits. Para tal, é necessário desenvolver novos materiais e técnicas de fabrico para criar sistemas quânticos maiores e mais complexos.

4. Redução do ruído:

Os computadores quânticos devem funcionar em ambientes extremamente ruidosos para atenuar os efeitos da decoerência quântica. Para tal, são necessários mecanismos de arrefecimento sofisticados e uma proteção contra interferências externas.

5. Correção de erros:

Tal como os computadores clássicos, os computadores quânticos estão sujeitos a erros. No entanto, a correção de erros nos computadores quânticos é muito mais difícil devido à natureza complexa dos sistemas quânticos. O desenvolvimento de protocolos eficazes de correção de erros será fundamental para a construção de computadores quânticos práticos.

6. Complexidade da programação:

A computação quântica requer um paradigma de programação completamente diferente do da computação clássica, o que dificulta aos programadores o desenvolvimento de algoritmos e ferramentas de software que funcionem eficazmente com o hardware quântico.

Em conclusão, a computação quântica representa um grande avanço no poder computacional, mas há vários desafios técnicos que têm de ser ultrapassados antes de se tornar uma tecnologia prática. Os investigadores têm de desenvolver novos materiais, técnicas de fabrico, protocolos de correção de erros e ferramentas de software para concretizarem todo o potencial deste domínio empolgante.

6.2 IMPLICAÇÕES SOCIAIS E ÉTICAS

A computação quântica é um domínio em rápida evolução que promete revolucionar numerosos sectores, desde os cuidados de saúde às finanças. No entanto, esta nova tecnologia traz consigo inúmeras implicações sociais e éticas, muitas das quais são ainda largamente desconhecidas.

Uma das maiores preocupações da sociedade em relação à computação quântica é o seu potencial para tornar obsoletos os actuais métodos de encriptação. Os computadores quânticos são exponencialmente mais rápidos do que os computadores clássicos porque podem processar informação utilizando qubits, que podem existir em múltiplos estados simultaneamente. Isto significa que podem decifrar rapidamente informação encriptada, incluindo dados sensíveis relacionados com finanças, cuidados de saúde e segurança nacional. Como tal, o desenvolvimento de sistemas criptográficos resistentes ao quantum é essencial para garantir a segurança da informação e evitar violações de dados.

Outra preocupação significativa da sociedade em relação à computação quântica é o seu potencial impacto nos mercados de trabalho, particularmente nas indústrias em que as tarefas de trabalho manual podem ser substituídas pela automação impulsionada pela computação quântica. Embora a tecnologia tenha o potencial de criar novos empregos, também pode levar a perdas significativas de emprego, particularmente nas indústrias transformadoras, de transportes e de construção.

Além disso, existem várias preocupações éticas relativamente ao desenvolvimento da computação quântica. Por exemplo, há quem acredite que a tecnologia de computação quântica pode ser utilizada para fins maliciosos, como a criação de armas cibernéticas mais potentes, dificultando o rastreio de criminosos e terroristas pelas autoridades policiais e violando os direitos de privacidade das pessoas.

Além disso, a computação quântica pode gerar dilemas éticos em situações em que pode ser utilizada para tomar decisões que alteram a vida. Por exemplo, os algoritmos quânticos podem ser utilizados para determinar a forma como devem ser distribuídos recursos escassos, incluindo os recursos de saúde. As decisões tomadas com esses algoritmos podem afetar significativamente a vida, a saúde e o bem-estar das pessoas. Como tal, é necessário estabelecer regulamentos adequados e directrizes éticas para evitar a utilização indevida da computação quântica.

Em conclusão, embora a computação quântica ofereça um enorme potencial para aumentar as nossas capacidades tecnológicas e melhorar as nossas vidas, é essencial considerar cuidadosamente as implicações sociais e éticas associadas ao seu desenvolvimento. Qualquer utilização desta tecnologia deve ser orientada por práticas e regulamentos responsáveis para garantir que é utilizada de forma ética e para o bem da sociedade.

6.3 DESAFIOS REGULAMENTARES

A computação quântica é um domínio emergente que tem o potencial de revolucionar vários domínios da tecnologia e da ciência. No entanto, o desenvolvimento e a implantação de tecnologias de computação quântica também colocam desafios regulamentares significativos, alguns dos quais são enumerados a seguir:

1. Criptografia e segurança: A computação quântica tem a capacidade de quebrar muitas das normas criptográficas atualmente utilizadas para proteger as comunicações electrónicas. Isto implica que a computação quântica pode tornar inúteis os protocolos de cifragem existentes e comprometer a segurança de dados sensíveis. Por conseguinte, os organismos reguladores têm de desenvolver novas normas e regulamentos para garantir a segurança dos dados transmitidos através dos canais de computação quântica.

2. Propriedade intelectual: A computação quântica poderá ter um impacto significativo nas patentes e na propriedade intelectual. Mais concretamente, seria possível desenvolver algoritmos de computação quântica susceptíveis de duplicar ou patentear tecnologias existentes. Os organismos reguladores devem desenvolver regras e regulamentos para evitar a duplicação ou a violação de patentes.

3. Ética e biotecnologia: A computação quântica tem o potencial de desbloquear a sequenciação do ADN, a biologia sintética e outras descobertas biotecnológicas. No entanto, estes desenvolvimentos suscitam preocupações éticas e regulamentares, como a potencial utilização da biotecnologia para fins malévolos. Os organismos reguladores devem criar e aplicar regulamentos que abordem as implicações éticas da utilização de tecnologias de computação quântica na indústria biotecnológica.

4. Privacidade dos dados: A computação quântica poderá permitir o processamento de grandes quantidades de dados num curto espaço de tempo. No entanto, este facto pode suscitar preocupações quanto à privacidade das pessoas. Como tal, os organismos reguladores têm de desenvolver regulamentos e protocolos rigorosos para salvaguardar os dados pessoais e atenuar o risco de cibercriminalidade e de violação de dados pessoais.

5. Computadores quânticos de alta qualidade: Os computadores quânticos são altamente especializados e as cadeias de fabrico que os produzem são complexas. Os organismos reguladores devem garantir a segurança das máquinas de computação quântica e do software que nelas funciona.

6. Colaboração internacional: O desenvolvimento da tecnologia de computação quântica exige um investimento substancial e uma abordagem internacional. Os organismos reguladores devem colaborar a nível internacional para desenvolver as normas e a regulamentação necessárias para garantir que a computação quântica possa funcionar com segurança a nível mundial.

Em conclusão, a computação quântica representa uma oportunidade aliciante para a tecnologia e a ciência, mas para garantir o desenvolvimento e a implantação seguros da computação quântica, os organismos reguladores devem abordar questões críticas como a privacidade dos dados, a segurança e a propriedade intelectual. Por conseguinte, o estabelecimento de regras e regulamentos adequados é essencial para o progresso contínuo da computação quântica.

Capítulo 7
ESTUDOS DE CASO

VISÃO GERAL

Estudo de caso 1: A supremacia quântica da Google

Em outubro de 2019, a Google anunciou que tinha alcançado a supremacia quântica com o seu processador quântico de 53 qubits chamado Sycamore. A supremacia quântica refere-se ao ponto em que um computador quântico pode realizar um cálculo que nenhum computador convencional pode realizar num período de tempo razoável. A Google afirma que o seu Sycamore pode resolver um problema que levaria 10 000 anos a um supercomputador em apenas 200 segundos. Esta descoberta poderá abrir caminho a simulações mais rápidas e mais eficientes para a investigação científica, a aprendizagem automática e a criptografia.

Estudo de caso 2: Colaboração entre a IBM e a Daimler em matéria de computação quântica

Em 2018, a IBM e a Daimler anunciaram uma colaboração em matéria de computação quântica para desenvolver novos algoritmos para a otimização do tráfego e a produção de células de bateria. A parceria aproveitaria o poder dos computadores quânticos para simular e otimizar os padrões de tráfego, reduzindo os tempos de deslocação e melhorando o fluxo global de tráfego. Além disso, a equipa irá investigar o comportamento das baterias de lítio-enxofre para minimizar a sua degradação e melhorar o seu tempo de vida.

Estudo de caso 3: Kit de desenvolvimento Quantum da Microsoft

A Microsoft tem estado na vanguarda da investigação em computação quântica, desenvolvendo ferramentas e tecnologias para tornar a computação quântica mais acessível a programadores e investigadores. Em 2017, a Microsoft lançou o seu Quantum Development Kit, um conjunto abrangente de ferramentas para o desenvolvimento de aplicações de computação quântica. O kit inclui um simulador quântico para executar código quântico, uma linguagem de programação chamada Q# e uma biblioteca de código para resolver problemas quânticos. A Microsoft também estabeleceu parcerias com universidades e instituições de investigação para explorar as potenciais aplicações da computação quântica em domínios como os cuidados de saúde, a logística e as finanças.

Estudo de caso 4: Investigação em computação quântica da Volkswagen

A Volkswagen é outra empresa que tem vindo a explorar o potencial da computação quântica para resolver problemas complexos. Em 2017, a Volkswagen criou o Centro de Informática do Grupo Volkswagen na Califórnia, que se concentra na investigação e desenvolvimento em áreas como a computação quântica, a inteligência artificial e a condução autónoma. Através da sua parceria com a Google e a D-Wave, a Volkswagen está a utilizar computadores quânticos para otimizar o seu fluxo de tráfego e reduzir o tempo gasto em tarefas de condução. A empresa está também a explorar a utilização de computadores quânticos para simulações de materiais e para a otimização de processos industriais.

Estudo de caso 5: Colaboração em computação quântica da JP Morgan

Em 2018, o JP Morgan anunciou uma colaboração de computação quântica com a IBM para explorar as potenciais aplicações da computação quântica no sector financeiro. As duas empresas estão a trabalhar para desenvolver algoritmos para analisar o risco financeiro e otimizar as estratégias de negociação. O JP Morgan também formou uma parceria com a Microsoft para explorar a utilização da computação quântica na otimização de carteiras e na fixação de preços de activos. Estas colaborações poderão ajudar o JP Morgan a obter uma vantagem competitiva no sector financeiro, melhorando a precisão e a rapidez dos seus cálculos financeiros.

7.1 A SUPREMACIA QUÂNTICA DA GOOGLE

O estudo de caso de supremacia quântica do Google é uma conquista revolucionária no campo da computação quântica. A empresa anunciou o feito em 2019 com um artigo publicado na revista científica Nature intitulado "Quantum Supremacy Using a Programmable Superconducting Processor".

A computação quântica é uma nova forma de computação que utiliza a mecânica quântica para efetuar cálculos exponencialmente mais rápidos do que a computação clássica. A supremacia quântica refere-se à capacidade de um computador quântico efetuar um cálculo que é inviável para os computadores clássicos completarem num período de tempo razoável.

O computador quântico da Google, chamado Sycamore, é um chip que contém 54 qubits, ou bits quânticos. Estes qubits estavam dispostos numa grelha bidimensional, com cada qubit ligado a quatro outros qubits. O poder de processamento quântico do Sycamore permitiu-lhe efetuar cálculos numa questão de segundos, que até os supercomputadores mais potentes levariam milhares de anos a concluir.

A Google concebeu um algoritmo especificamente para o Sycamore para testar a sua capacidade de alcançar a supremacia quântica. O algoritmo envolvia a geração de números aleatórios, uma tarefa que os computadores clássicos têm dificuldade em realizar quando os números são grandes e complexos. Com 53 qubits a funcionar sem falhas, o Sycamore foi capaz de realizar a tarefa em pouco mais de 200 segundos, enquanto os investigadores estimaram que mesmo os mais poderosos supercomputadores clássicos demorariam 10 000 anos a realizar a mesma tarefa.

A conquista da supremacia quântica tem implicações de grande alcance em vários domínios, incluindo a criptografia, a descoberta de medicamentos e a logística. O poder de processamento superior da computação quântica permite análises mais rápidas e mais exactas de dados complexos, revelando novos conhecimentos e descobertas que antes eram impossíveis com os computadores clássicos.

O estudo de caso sobre a supremacia quântica da Google desencadeou também uma corrida entre outros gigantes da tecnologia mundial para conseguir avanços semelhantes. Várias empresas, incluindo a IBM, a Microsoft e a Intel, investiram na investigação e desenvolvimento da computação quântica, na esperança de alcançarem também a supremacia quântica.

Em conclusão, o estudo de caso sobre a supremacia quântica da Google constitui um marco importante no desenvolvimento da computação quântica. Demonstrou que os computadores quânticos podem efetuar tarefas que são praticamente impossíveis de realizar pelos computadores clássicos. Esta descoberta abre novas possibilidades de inovação e progresso em muitos domínios e é um passo promissor para um futuro dominado pela computação quântica.

7.2 COLABORAÇÃO ENTRE A IBM E A DAIMLER NO DOMÍNIO DA COMPUTAÇÃO QUÂNTICA

O estudo de caso de supremacia quântica do Google é uma conquista revolucionária no campo da computação quântica. A empresa anunciou o feito em 2019 com um artigo publicado na revista científica Nature intitulado "Quantum Supremacy Using a Programmable Superconducting Processor".

A computação quântica é uma nova forma de computação que utiliza a mecânica quântica para efetuar cálculos exponencialmente mais rápidos do que a computação clássica. A supremacia quântica refere-se à capacidade de um computador quântico efetuar um cálculo que é inviável para os computadores clássicos completarem num período de tempo razoável.

O computador quântico da Google, chamado Sycamore, é um chip que contém 54 qubits, ou bits quânticos. Estes qubits estavam dispostos numa grelha bidimensional, com cada qubit ligado a quatro outros qubits. O poder de processamento quântico do Sycamore permitiu-lhe efetuar cálculos numa questão de segundos, que até os supercomputadores mais potentes levariam milhares de anos a concluir.

A Google concebeu um algoritmo especificamente para o Sycamore para testar a sua capacidade de alcançar a supremacia quântica. O algoritmo envolvia a geração de números aleatórios, uma tarefa que os computadores clássicos têm dificuldade em realizar quando os números são grandes e complexos. Com 53 qubits a funcionar sem falhas, o Sycamore foi capaz de realizar a tarefa em pouco mais de 200 segundos, enquanto os investigadores estimaram que mesmo os supercomputadores clássicos mais potentes demorariam 10 000 anos a realizar a mesma tarefa.

A conquista da supremacia quântica tem implicações de grande alcance em vários domínios, incluindo a criptografia, a descoberta de medicamentos e a logística. O poder de processamento superior da computação quântica permite análises mais rápidas e mais exactas de dados complexos, revelando novos conhecimentos e descobertas que antes eram impossíveis com os computadores clássicos.

O estudo de caso da supremacia quântica da Google também despoletou uma corrida entre outros gigantes da tecnologia mundial para alcançar avanços semelhantes. Várias empresas, incluindo a IBM, a Microsoft e a Intel, investiram na investigação e desenvolvimento da computação quântica, na esperança de alcançarem também a supremacia quântica.

Em conclusão, o estudo de caso sobre a supremacia quântica da Google constitui um marco importante no desenvolvimento da computação quântica. Demonstrou que os computadores quânticos podem efetuar tarefas que são praticamente impossíveis de realizar pelos computadores clássicos. Esta descoberta abre novas possibilidades de inovação e progresso em muitos domínios e é um passo promissor para um futuro dominado pela computação quântica.

7.3 KIT DE DESENVOLVIMENTO QUÂNTICO DA MICROSOFT

Introdução:

O kit de desenvolvimento quântico da Microsoft é uma coleção de ferramentas e recursos que permite aos programadores criar e implementar aplicações de computação quântica. O kit inclui uma linguagem de programação, um compilador que pode traduzir algoritmos quânticos em código de máquina, ferramentas de depuração e simuladores para testar e simular algoritmos quânticos. Neste estudo de caso, vamos explorar as características e capacidades do kit de desenvolvimento quântico da Microsoft e destacar alguns dos casos de utilização em que está atualmente a ser utilizado.

Características e capacidades:

O Microsoft Quantum Development Kit é um conjunto de ferramentas que permite aos programadores escrever programas quânticos, simulá-los num computador clássico e executá-los num computador quântico. Inclui:

Linguagem de programação Q#:

A linguagem de programação Q# (pronuncia-se Q sharp) foi concebida especificamente para escrever algoritmos quânticos e está integrada no Visual Studio e no Visual Studio Code. Inclui um conjunto rico de bibliotecas para operações quânticas, tais como Qubits, Gates e Measurements.

Simulador de processador quântico:

O kit inclui um simulador de processador quântico que permite simular algoritmos quânticos numa máquina clássica. Isto é útil para testar algoritmos e desenvolver o código para um computador quântico.

Suporte de hardware Quantum:

O kit de desenvolvimento suporta o Azure Quantum, uma plataforma de computação quântica baseada na nuvem que oferece acesso a hardware quântico de vários fornecedores, incluindo a Honeywell, a IonQ e a Quantum Motion. Inclui também um conjunto de APIs para interagir com o hardware quântico de forma programática.

Depuração e diagnóstico:

O kit inclui ferramentas de depuração que lhe permitem depurar programas quânticos utilizando um depurador clássico. Isto inclui suporte para percorrer o código, definir pontos de interrupção e inspecionar o estado do registo quântico.

Casos de utilização:

O Microsoft Quantum Development Kit está a ser utilizado por investigadores e programadores para explorar e criar algoritmos para utilização numa variedade de aplicações, incluindo:

Criptografia:

Espera-se que a computação quântica revolucione a criptografia, fornecendo uma forma exponencialmente mais rápida de quebrar a encriptação. O Microsoft Quantum Development Kit inclui bibliotecas para a criação de algoritmos de encriptação resistentes à quântica.

Gestão da cadeia de abastecimento:

A computação quântica pode ser utilizada para otimizar a gestão da cadeia de abastecimento, resolvendo problemas de otimização que são atualmente demasiado complexos para os computadores clássicos. O kit de desenvolvimento inclui bibliotecas para a construção de algoritmos quânticos para resolver estes problemas.

Conceção de medicamentos:

A computação quântica pode ser utilizada para simular moléculas e prever o seu comportamento, a fim de criar medicamentos mais eficazes. O kit de desenvolvimento inclui bibliotecas para a construção de algoritmos quânticos para a simulação de moléculas.

Conclusão:

O Microsoft Quantum Development Kit fornece aos programadores e investigadores um poderoso conjunto de ferramentas para explorar e criar algoritmos quânticos. Embora a computação quântica ainda esteja a dar os primeiros passos, o kit de desenvolvimento fornece uma forma de os programadores começarem a explorar o campo e a criar aplicações que tiram partido das capacidades únicas da computação quântica.

7.4 INVESTIGAÇÃO DA VOLKSWAGEN NO DOMÍNIO DA COMPUTAÇÃO QUÂNTICA

A Volkswagen, um dos maiores fabricantes de automóveis do mundo, tem vindo a investir na computação quântica como forma de melhorar os seus processos de fabrico, reduzir os custos operacionais e aumentar a eficiência do fabrico.

Para atingir estes objectivos, a equipa de investigação da Volkswagen estabeleceu uma parceria com a Google Quantum AI (anteriormente conhecida como Google Quantum Computing), uma das principais empresas tecnológicas do mundo que trabalha em soluções de computação quântica.

A parceria permitiu aos investigadores da Volkswagen aceder à infraestrutura de computação quântica da Google, incluindo algoritmos e hardware quânticos de última geração, para acelerar os seus esforços de investigação e desenvolvimento nesta área.

O principal objetivo do projeto da Volkswagen era aplicar soluções de computação quântica para otimizar os processos nas suas fábricas. Tirando partido da computação quântica, os investigadores puderam analisar grandes quantidades de dados, resolver problemas de otimização complexos e identificar os percursos mais eficientes nas linhas de produção.

Por exemplo, utilizando algoritmos quânticos, os investigadores da Volkswagen poderiam avaliar as melhores rotas de abastecimento possíveis para as peças necessárias em diferentes pontos da linha de montagem. Isto ajudaria a minimizar os tempos de produção e a reduzir os desperdícios, aumentando a eficiência e reduzindo os custos.

Além disso, a equipa da Volkswagen está também a utilizar a computação quântica para desenvolver novos materiais e técnicas de fabrico. Os algoritmos de computação quântica permitem aos investigadores da Volkswagen analisar a estrutura e as propriedades de materiais como metais e compósitos ao nível atómico. Isto permite-lhes descobrir formas novas e eficientes de conceber e fabricar peças para automóveis com propriedades essenciais como a resistência, a durabilidade e o peso.

A equipa de investigação da Volkswagen pretende agora continuar a sua parceria com a Google Quantum AI para aceder a soluções de computação quântica mais recentes e mais avançadas. O seu objetivo é continuar a explorar os potenciais casos de utilização no fabrico e encontrar novas formas de tirar partido da computação quântica para impulsionar a inovação no seu processo de fabrico.

Globalmente, a investigação em computação quântica da Volkswagen já mostrou resultados promissores, tais como a redução significativa dos tempos de fabrico, a melhoria da gestão da cadeia de abastecimento e a redução substancial dos custos em todo o ciclo de produção. Com mais investimento e investigação nesta área, a Volkswagen espera utilizar a computação quântica para desbloquear novas formas eficientes e inovadoras de melhorar as suas capacidades de fabrico e impulsionar a competitividade no sector automóvel.

7.5 COLABORAÇÃO DO JP MORGAN NO DOMÍNIO DA COMPUTAÇÃO QUÂNTICA

A JP Morgan Chase é uma empresa líder mundial em serviços financeiros que presta serviços de banca de investimento, gestão de activos e banca privada a clientes em todo o mundo. Em 2017, o JP Morgan anunciou uma colaboração com a IBM para explorar o potencial da computação quântica para aplicações financeiras. A colaboração envolveu um esforço de investigação conjunto para identificar e desenvolver algoritmos quânticos que pudessem ser utilizados para resolver alguns dos problemas mais complexos em finanças.

O objetivo da colaboração era tirar partido das capacidades dos computadores quânticos da IBM para simular cenários financeiros e testar novos algoritmos. A equipa de investigadores do JP Morgan concentrou-se no desenvolvimento de algoritmos para a otimização de carteiras, fixação de preços de opções e análise de riscos. Estes são alguns dos problemas mais difíceis em finanças, exigindo modelos matemáticos complexos e grandes quantidades de capacidade de computação para os resolver.

A computação quântica tem o potencial de revolucionar o sector financeiro, permitindo que as instituições financeiras resolvam alguns destes problemas numa fração de tempo e com muito maior precisão do que os métodos de computação tradicionais. Isto poderá conduzir a poupanças de custos significativas para as empresas financeiras, bem como a uma melhor gestão dos riscos e estratégias de investimento.

Na primeira fase da colaboração, os investigadores do JP Morgan e da IBM trabalharam em conjunto para desenvolver novos algoritmos quânticos para aplicações financeiras. Estes algoritmos foram testados nos computadores quânticos da IBM e avaliados quanto à sua precisão e fiabilidade. Os resultados destes testes foram prometedores, com os algoritmos a mostrarem um grande potencial para a resolução de problemas financeiros complexos.

Na segunda fase da colaboração, o JP Morgan concentrou-se no desenvolvimento de aplicações práticas para os algoritmos quânticos. A equipa trabalhou na integração dos algoritmos nos seus modelos e sistemas financeiros existentes, com o objetivo de os utilizar para melhorar as estratégias de investimento e de gestão de riscos. Isto implicou uma colaboração estreita com a equipa de computação quântica da IBM para garantir que os algoritmos fossem optimizados para os computadores quânticos da IBM.

A colaboração entre o JP Morgan e a equipa de computação quântica da IBM tem sido muito bem sucedida e tem feito progressos significativos no avanço da utilização da computação quântica no sector financeiro. Os resultados da colaboração foram publicados em vários artigos académicos e apresentados em conferências em todo o mundo.

Em conclusão, a colaboração entre a JP Morgan e a IBM no domínio da computação quântica demonstrou o potencial da computação quântica para revolucionar o sector financeiro. O desenvolvimento e o teste bem sucedidos de algoritmos quânticos para a otimização de carteiras, a fixação de preços de opções e a análise de riscos abriram caminho para mais investigação e desenvolvimento neste domínio. À medida que a tecnologia de computação quântica continua a evoluir, é provável que vejamos mais instituições financeiras, como o JP Morgan, a tirar partido desta tecnologia para melhorar os seus serviços e manter-se à frente da concorrência.

Capítulo 8
INTELIGÊNCIA ARTIFICIAL NUM MUNDO QUANTUM DA COMPUTAÇÃO

VISÃO GERAL

A computação quântica é o "domínio científico que analisa a forma como as condutas quânticas de determinadas partículas subatómicas (por exemplo, fotões, electrões, etc.) podem ser utilizadas para efetuar cálculos e, a longo prazo, para o processamento de dados de grande alcance". A computação quântica é um dispositivo de computação que utiliza as maravilhas da mecânica quântica, por exemplo, a sobreposição e o emaranhamento, para efetuar procedimentos de informação. O campo do processamento quântico foi apresentado pela primeira vez por Yuri Manin em 1980 e por Richard Feynman em 1982. Este artigo apresenta uma breve introdução sobre os computadores tradicionais e quânticos, uma panorâmica dos sistemas quânticos, componentes e algoritmos da computação quântica, computação quântica para a inteligência artificial e inteligência artificial para a computação quântica.

8.1 INTRODUÇÃO

A computação quântica é uma bela combinação de "física quântica, ciência da computação e teoria da informação". Os computadores quânticos (CQ) funcionam de forma diferente dos computadores normais. Deverão ser capazes de resolver em segundos tipos específicos de problemas que levariam milhares de anos aos computadores normais. Atualmente, os computadores quânticos estão no domínio da investigação académica. A Google e a IBM também têm programas de investigação activos.

Computadores tradicionais versus computadores quânticos

Os computadores tradicionais seguem o sistema binário. Aqui, os dados são representados por dígitos binários (bits), que podem ser 1 ou 0. E cada elemento dentro do computador deve estar sempre num estado de "1" ou "0". O computador executa instruções através da transição entre diferentes combinações de "1" e "0", mas apenas uma combinação pode estar ativa de cada vez.

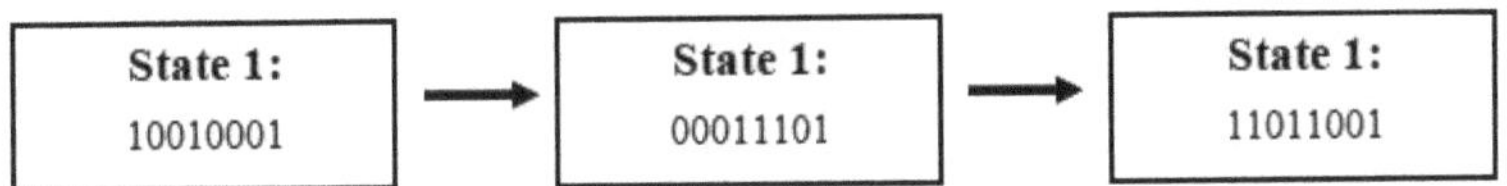

Um computador quântico é qualquer dispositivo que utiliza maravilhas da mecânica quântica para efetuar cálculos e controlar a informação. Os computadores quânticos são uma sobreposição de bits quânticos. Um bit quântico (Qubit) pode ser 1 e 0 ao mesmo tempo. Este estado é designado por sobreposição.

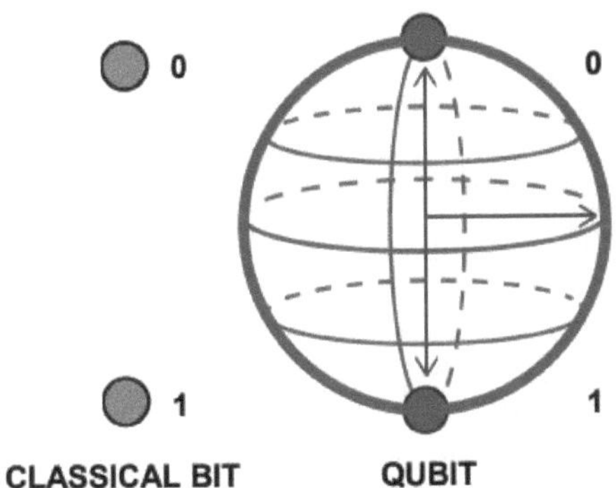

Visão geral dos sistemas quânticos

Um sistema quântico é uma "porção de todo o Universo (ambiente ou mundo físico) que é tomada em consideração para fazer análises ou para estudar a mecânica quântica relativa à dualidade onda-partícula nesse sistema".

Os sistemas quânticos são descritos por uma função de onda e esta é denotada pelo símbolo 'ψ'. Para um dado potencial (V(x)), descobrimos todas as respostas para a condição de Schrödinger. Estes arranjos estruturam uma premissa de um espaço vetorial chamado espaço de Hilbert.

8.2 COMPONENTES E ALGORITMOS DE COMPUTAÇÃO QUÂNTICA

Componentes da computação quântica

Um computador tradicional, tal como um computador quântico, é composto essencialmente por 3 partes:

(i)   "Memória - que contém o estado atual da máquina,

(ii)   Processador - que efectua operações elementares no estado da máquina, e

(iii)   Entrada/saída - que permite definir o estado inicial e extrair o estado final da computação".

As "portas quânticas" são os elementos de cálculo fundamentais para a CQ. São completamente diferentes das portas dos sistemas de computação clássicos.

Algoritmos de computação quântica

Nesta secção, classificamos genericamente os algoritmos quânticos de acordo com o seu domínio de aplicação. Além disso, discutiremos os algoritmos quânticos para a teoria dos grafos, a teoria dos números, a aprendizagem automática, etc. Os algoritmos quânticos utilizam "alguns aspectos explícitos do mundo quântico, por exemplo, a sobreposição quântica, para passar de entradas clássicas através de estados emaranhados para saídas clássicas de forma mais eficaz do que os algoritmos clássicos".

Os algoritmos quânticos utilizam uma combinação de paradigmas algorítmicos específicos da computação quântica. Estes paradigmas são a "Transformada Quântica de Fourier (QFT), o Operador de Grover (GO), o método Harrow Hassidim-Lloyd (HHL) para sistemas lineares, o solucionador quântico variacional de valores próprios (VQE) e a simulação hamiltoniana direta (SIM)". A lista completa dos algoritmos deste artigo, classificados de acordo com os seus domínios de aplicação, encontra-se na Tabela 1.

Tabela 1: Visão geral dos algoritmos quânticos

Class	Problem/Algorithm	Paradigms used	Hardware	Simulation Match
Inverse Function Computation	Grover's Algorithm Bernstein-Vazirani	GO N.A	QX4 QX4, QX5	Medium High
Number-theoretic Applications	Shor's Factoring Algorithm	QFT	QX4	Medium
Algebraic Applications	Linear Systems Matrix Element Group Representations Matrix Product Verification Subgroup Isomorphism Persistent Homology	HHL QFT GO QFT GO, QFT	QX4 ESSEX N.A None QX4	Low Low N.A N.A Med-Low
Graph Applications	Quantum Random Walk Minimum Spanning Tree Maximum Flow Approximate Quantum Algorithms	N.A GO GO SIM	VIGO QX4 QX4 QX4	Med-Low Med-Low Med-Low High
Learning Applications	Quantum Principal Component Analysis (PCA) Quantum Support Vector Machines (SVM) Partition Function	QFT QFT QFT	QX4 None QX4	Med N.A Med-Low
Quantum Simulation	Schrödinger Equation Simulation Transverse Ising Model Simulation	SIM VQE	QX4 none	Low N.A
Quantum Utilities	State Preparation Quantum Tomography Quantum Error Correction	N.A N.A N.A	QX4 QX4 QX4	Med Med Med

8.3 COMPUTAÇÃO QUÂNTICA PARA A INTELIGÊNCIA ARTIFICIAL

A utilização de "algoritmos quânticos em técnicas de inteligência artificial apoiará as capacidades de aprendizagem das máquinas". Isto levará a actualizações na evolução dos acontecimentos, entre outros, dos quadros de previsão, incluindo os do sector financeiro.

"A aprendizagem de máquinas quânticas pode ser mais eficiente do que a aprendizagem de máquinas clássica, pelo menos para certos modelos que são intrinsecamente difíceis de aprender utilizando computadores convencionais". No entanto, "ainda temos de descobrir em que medida estes modelos aparecem em aplicações práticas" - por Samuel Fernández Lorenzo, um investigador de algoritmos quânticos.

Algumas formas como a computação quântica poderá mudar o futuro da inteligência artificial:

(i)   Resolver rapidamente problemas complexos

(ii)   Tratamento de grandes conjuntos de dados

(iii)   Construir melhores modelos

(iv)   Integração de múltiplos conjuntos de dados

(v)   Combater a deteção de fraudes

(vi)   Algoritmos mais precisos

A expansão regular que os computadores quânticos oferecem à IA e à aprendizagem automática não se perde nos empresários, que estão atualmente ocupados a aprender abordagens para utilizar indevidamente a mistura especializada.

8.4 INTELIGÊNCIA ARTIFICIAL PARA A COMPUTAÇÃO QUÂNTICA

Todos os computadores quânticos experimentam decoerência, mas os computadores quânticos que conseguem atrasar e minimizar a decoerência têm um melhor desempenho. É por isso que, quando se discute um computador quântico e a sua capacidade de fazer computação, temos de discutir o seu desempenho na prevenção da decoerência.

Para o quantificar, os parâmetros T1 e T2 são particularmente importantes:

- T1 ajuda a quantificar a rapidez com que os qubits sofrem perda de energia devido à interação com o ambiente (a perda de energia resultaria numa alteração da frequência, o que faria com que os qubits coerentes sofressem decoerência).

- T2 ajuda a quantificar a rapidez com que os qubits experimentam uma mudança de fase devido à interação com o ambiente, mais uma vez uma causa de decoerência.

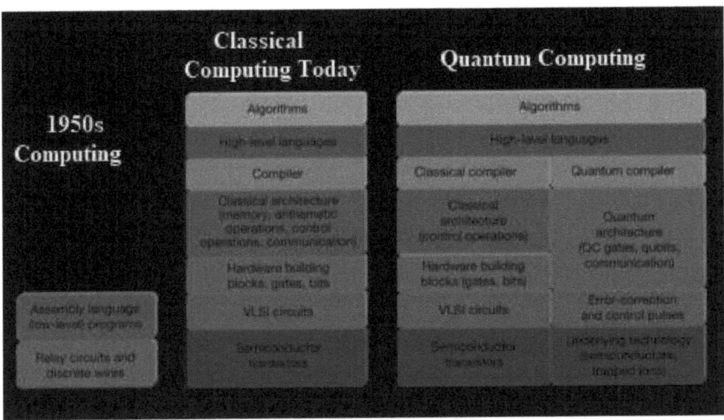

Os algoritmos evolutivos poderão ser úteis para "compilar" circuitos quânticos, a fim de gerar circuitos equivalentes caracterizados por melhores valores de T1 e T2. As técnicas de reconhecimento de padrões poderão ser utilizadas para identificar sequências críticas de portas quânticas nos circuitos e substituí-las por colecções adequadas de portas, a fim de melhorar T1 e T2.

8.5 CONCLUSÃO

A computação quântica é um domínio promissor. A razão de ser da computação quântica é ajudar e alargar as capacidades do processamento habitual. Os computadores quânticos destinam-se a realizar tarefas de forma consideravelmente mais precisa e eficiente do que os PCs normais, dando aos engenheiros outro instrumento para aplicações explícitas. Apesar do facto de o cálculo quântico ter obstáculos significativos, a sua capacidade latente tem inúmeras aplicações que excedem as despesas. Uma parte das aplicações incorpora criptanálise, modelos de PC de estruturas climáticas ou de respostas complexas de mistura e questões que incluem um número incrivelmente grande de fatores.

Capítulo 9
TENDÊNCIAS FUTURAS NA COMPUTAÇÃO QUÂNTICA

Visão geral

Uma panorâmica das tendências futuras da computação quântica:

A computação quântica é considerada uma tecnologia com imenso potencial para resolver problemas complexos de forma mais eficiente do que a computação clássica. O futuro da computação quântica é muito promissor, e eis algumas das tendências que se espera venham a moldar a próxima era da computação quântica:

1. Hardware melhorado - Atualmente, o progresso da computação quântica é dificultado pela sua natureza propensa a erros e instável. No futuro, a investigação procurará produzir qubits que possam permanecer estáveis durante períodos mais longos e tornar os computadores quânticos suficientemente robustos para uma utilização prática.

2. Algoritmos mais potentes - À medida que os computadores quânticos se tornam mais potentes, são necessários novos algoritmos que possam tirar partido de toda essa potência. O desenvolvimento de novos algoritmos permitirá que a computação quântica resolva problemas que anteriormente não tinham solução, como a simulação de compostos químicos e fenómenos naturais.

3. Aprendizagem quântica de máquinas - Prevê-se que a computação quântica revolucione o sector da aprendizagem de máquinas. Permitirá a criação de algoritmos capazes de processar e analisar conjuntos de dados mais complexos e realizar tarefas que levariam anos aos computadores clássicos em apenas algumas horas.

4. Internet quântica - Os investigadores já desenvolveram formas de transferir informação de forma segura utilizando a comunicação quântica. O próximo passo será criar uma Internet Quântica que garanta uma transferência de dados mais segura e mais rápida.

5. Computação quântica como serviço - A computação quântica ainda não é barata; atualmente, apenas algumas organizações podem pagar computadores quânticos, mas com o surgimento da computação quântica como serviço (QCaaS), a computação quântica tornar-se-á disponível para as pequenas e médias empresas. O QCaaS permitirá a estas empresas efetuar os seus cálculos através de hardware quântico baseado na nuvem.

Conclusão:

A computação quântica ainda está a dar os primeiros passos, mas o potencial que encerra para muitos sectores é enorme. Espera-se que a capacidade de resolver problemas que os computadores clássicos não conseguem resolver e de analisar conjuntos de dados que anteriormente eram demasiado complexos para os seres humanos revolucione a indústria da computação. Com o surgimento da computação quântica como um serviço e o desenvolvimento contínuo de algoritmos quânticos, as possibilidades da computação quântica são infinitas.

Capítulo 10
CONCLUSÃO

10.1 RECAPITULAÇÃO DA COMPUTAÇÃO QUÂNTICA

A computação quântica é um domínio da computação centrado no desenvolvimento de tecnologia informática baseada na mecânica quântica. Ao contrário da computação tradicional, que funciona com dígitos binários (bits) que são 0 ou 1, os computadores quânticos utilizam bits quânticos (qubits) que podem existir em múltiplos estados simultaneamente, o que os torna capazes de efetuar um grande número de cálculos em simultâneo.

Um dos conceitos mais fundamentais da computação quântica é a sobreposição. Trata-se da capacidade de um qubit existir em múltiplos estados simultaneamente. Isto permite que um computador quântico efectue muitos cálculos ao mesmo tempo, resultando num processamento mais rápido. Os computadores quânticos também utilizam uma operação chamada emaranhamento, em que dois qubits se comportam de forma correlacionada, mesmo que estejam fisicamente separados.

Outro conceito essencial na computação quântica é o problema da medição. A mecânica quântica afirma que a matéria existe simultaneamente em múltiplos estados até ser observada ou medida. Quando um qubit é medido, os vários estados em que existia colapsam num único estado, fornecendo a resposta à computação.

Existem várias tecnologias para a construção de computadores quânticos, tais como armadilhas de iões, qubits supercondutores e qubits topológicos. No entanto, a computação quântica ainda está a dar os primeiros passos e existem desafios significativos na construção de computadores quânticos em grande escala e totalmente funcionais.

Apesar destes desafios, a computação quântica tem um enorme potencial para resolver problemas complexos que os computadores tradicionais não conseguem resolver, como a segurança criptográfica, a aprendizagem automática e a descoberta de medicamentos. Poderá também proporcionar avanços significativos em domínios como as finanças, a engenharia aeroespacial e a modelação climática. Empresas como a IBM, a Google e a Microsoft têm investido na computação quântica e podemos esperar mais avanços nos próximos anos.

Capítulo 11
APÊNDICE

GLOSSÁRIO DE TERMOS DE COMPUTAÇÃO QUÂNTICA

A computação quântica é uma área de estudo que se ocupa do desenvolvimento de sistemas informáticos baseados nos princípios da física quântica. Para compreender a computação quântica, é importante ter uma boa noção da terminologia utilizada neste domínio. Segue-se um glossário de termos relacionados com a computação quântica:

1. Qubit: Um qubit é uma unidade fundamental de informação num computador quântico. Ao contrário dos computadores clássicos que utilizam dígitos binários (bits) para representar a informação, os qubits podem representar simultaneamente 0 e 1. Os qubits funcionam segundo o princípio da sobreposição e do emaranhamento.

2. Superposição: Na computação quântica, a sobreposição é a capacidade de um qubit existir simultaneamente nos estados 0 e 1. Este é um princípio fundamental que constitui a base da computação quântica.

3. Emaranhamento: O emaranhamento refere-se à capacidade de dois qubits estarem ligados de tal forma que o estado de um qubit depende do estado do outro. Esta propriedade é utilizada na comunicação quântica e na criptografia quântica.

4. Porta quântica: As portas quânticas são os blocos de construção básicos dos circuitos quânticos. São semelhantes às portas lógicas utilizadas nos computadores clássicos. As portas quânticas podem ser utilizadas para efetuar operações em qubits, tais como rotações, translações e mudanças de fase.

5. Circuito quântico: Um circuito quântico é uma sequência de portas quânticas que são aplicadas a qubits para realizar uma tarefa computacional específica. Os circuitos quânticos são análogos aos circuitos utilizados nos computadores clássicos.

6. Algoritmo quântico: Um algoritmo quântico é um algoritmo concebido para ser executado num computador quântico. São concebidos para tirar partido das propriedades únicas da mecânica quântica para resolver problemas mais rapidamente do que os algoritmos clássicos.

7. Correção quântica de erros: A correção quântica de erros é o processo de deteção e correção dos erros que surgem devido à decoerência e a outros ruídos que afectam os qubits num computador quântico. Este processo é essencial para o desenvolvimento de computadores quânticos práticos.

8. Decoerência: A decoerência refere-se à perda de coerência quântica devido à interação dos qubits com o seu ambiente. A decoerência é um dos maiores desafios enfrentados pela computação quântica.

9. Supremacia quântica: A supremacia quântica é a capacidade de um computador quântico efetuar um cálculo que é impossível para os computadores clássicos efectuarem num período de tempo razoável.

10. Criptografia quântica: A criptografia quântica é a utilização da mecânica quântica para proteger os canais de comunicação contra a espionagem e outras formas de ataque. Baseia-se nos princípios da sobreposição e do emaranhamento e é considerada inquebrável.

Capítulo 12
REFERÊNCIAS

1. Nielsen, M.A. e Chuang, I.L., 2002. Quantum computation and quantum information (Computação quântica e informação quântica). Cambridge University Press.

2. Ladd, T.D., Jelezko, F., Laflamme, R., Nakamura, Y., Monroe, C. e O'Brien, J.L., 2010. Computadores quânticos. Nature, 464(7285), pp.45-53.

3. Preskill, J., 2018. Computação quântica na era NISQ e além. Quantum, 2, p.79.

4. Devitt, S.J., Fowler, A.G. e Hollenberg, L.C., 2013. Computação quântica: correção de erros e tolerância a falhas. Novo Jornal de Física, 15(1), p.013020.

5. Van Meter, R. e Horsman, C., 2013. Um projeto para a construção de um computador quântico. Communications of the ACM, 56(10), pp.84-93.

6. Pérez-Delgado, C.A., Johnson, M.W., Clark, B.K., Solomon, G.S. e Aspuru-Guzik, A., 2013. Simulação quântica da estrutura eletrónica com profundidade linear e conetividade. Physical Review Letters, 108(4), p.046803.

7. Arute, F., Arya, K., Babbush, R., Bacon, D., Bardin, J.C., Barends, R., Biswas, R., Boixo, S., Brandao, F.G. e Buell, D.A., 2019. Supremacia quântica usando um processador supercondutor programável. Nature, 574(7779), pp.505-510.

8. Vedral, V., 2018. Decodificando a realidade: o universo como informação quântica. Oxford University Press.

9. Beauregard, S., 2002. Circuito para o algoritmo de Shor usando 2n+ 3 qubits. Quantum Information & Computation, 3(3), pp.175-185.

10. Lloyd, S., 1996. Simuladores quânticos universais. Ciência, 273(5278), pp.1073-1078.

11. Balakrishnan. S, Artificial Intelligence in a Quantum World of Computation, revista CSI Communications, Volume n.º 44, Edição n.º 3, junho de 2020, pp. 28-30.

12. Nielsen, M. A., & Chuang, I. L. (2010). Quantum computation and quantum information (Computação quântica e informação quântica). Cambridge University Press.

13. Ladd, T. D., Jelezko, F., Laflamme, R., Nakamura, Y., Monroe, C., & O'Brien, J. L. (2010). Quantum computers. Nature, 464(7285), 45-53.

14. Shor, P. W. (1994). Algoritmos para a computação quântica: logaritmos discretos e factorização. Em Proceedings 35th Annual Symposium on Foundations of Computer Science (pp. 124-134). IEEE.

15. Harrow, A. W., Hassidim, A., & Lloyd, S. (2009). Algoritmo quântico para sistemas lineares de equações. Physical Review Letters, 103(15), 150502.

16. Preskill, J. (2018). Computação Quântica na era NISQ e além. Quantum, 2, 79.

17. Arute, F., Arya, K., Babbush, R., Bacon, D., Bardin, J. C., Barends, R., & Chen, Y. (2019). Supremacia quântica usando um processador supercondutor programável. Nature, 574(7779), 505-510.

18. Grover, L. K. (1996). A fast quantum mechanical algorithm for database search. In Proceedings of the Twenty-eighth Annual ACM Symposium on Theory of Computing (pp. 212-219). ACM.

19. Montanaro, A. (2016). Algoritmos quânticos: uma visão geral. npj Quantum Information, 2(1), 15023.

20. Mohseni, M., Shirley, J., & Rabitz, H. (2008). Introdução ao controlo e à dinâmica quânticos. CRC press.

21. Steane, A. M. (1998). Quantum computing. Reports on Progress in Physics, 61(2), 117.

22. Nielsen, M.A., & Chuang, I.L. (2010). Quantum Computing and Quantum Information. Cambridge University Press.

23. Ladd, T.D., J.M. Dodd, K. R. M. Rao, N. Katz, J. F. W. Putzke, L. S. Bishop, J. M. Taylor e Y. Yamamoto. 2010. Computadores quânticos. Nature 464: 45-53.

24. van der Meer, A.D. (2014). Quantum Computing: A Gentle Introduction. Springer.

25. Preskill, J. (2018). Computação Quântica na era NISQ e além. Quantum 2: 79.

26. Huang, W., et al. (2020). Aprendizagem Quântica de Máquinas. Advanced Quantum Technologies, 3: 1900124.

27. Kandala, A., Mezzacapo, A., Temme, K., et al. (2017). Eigensolver quântico variacional eficiente em hardware para pequenas moléculas e ímãs quânticos. Natureza 549, 242-246.

28. Arute, F., Arya, K., Babbush, R., et al. (2019). Supremacia quântica usando um processador supercondutor programável. Natureza 574, 505-510.

29. Simon, D.S. (2018). Computação quântica de energias moleculares usando o Eigensolver quântico variacional. Jornal de Teoria Química e Computação, 14(11), 5567-5578.

30. Cao, Y., Romero, J., Olson, J.P., et al. (2019). Química quântica na era da computação quântica. Chemical Reviews, 119(19), 10856-10915.

31. Noh, C., & Lyyra, M. (2018). Computação quântica para ciência dos materiais. Jornal Internacional de Química Quântica, e25723.

Printed by Books on Demand GmbH, Norderstedt / Germany